寻找英雄的足迹

拥军模范
戎冠秀

刘　锋◎著

河北出版传媒集团

花山文艺出版社

河北·石家庄

图书在版编目（CIP）数据

拥军模范戎冠秀 / 刘锋著. —石家庄：花山文艺
出版社，2021.6（2022.7 重印）
（寻找英雄的足迹 / 王凤，李延青主编）
ISBN 978-7-5511-5667-7

Ⅰ.①拥… Ⅱ.①刘… Ⅲ.①传记文学－中国－当代
Ⅳ.①I125

中国版本图书馆CIP数据核字(2021)第065934号

丛 书 名：寻找英雄的足迹
主　　编：王　凤　李延青
书　　名：**拥军模范戎冠秀**
　　　　　Yongjunmofan Rong Guanxiu
著　　者：刘　锋
策　　划：郝建国
统　　筹：王福仓　王玉晓
责任编辑：卢水淹　贺　进
责任校对：李　伟
美术编辑：胡彤亮　陈　淼
出版发行：花山文艺出版社（邮政编码：050061）
　　　　　（河北省石家庄市友谊北大街330号）
销售热线：0311-88643221
传　　真：0311-88643234
印　　刷：三河市东兴印刷有限公司
经　　销：新华书店
开　　本：880×1230　1/32
印　　张：5.125
字　　数：100千字
版　　次：2021年6月第1版
　　　　　2022年7月第2次印刷
书　　号：ISBN 978-7-5511-5667-7
定　　价：18.00元

戎冠秀

　　1897年生于河北平山杨树壕村。1938年加入中国共产党，曾任下盘松村妇救会主任。在抗日战争时期积极组织妇女做军鞋、搞生产、救护伤员。1944年2月在晋察冀边区第一届群英会上荣获"北岳区拥军模范——子弟兵的母亲"光荣称号。

写 在 前 面

◎郝建国

习近平总书记一直高度重视对英雄的宣传和学习，指出："全党全社会要崇尚英雄、学习英雄、关爱英雄，大力弘扬英雄精神，汇聚实现中华民族伟大复兴的磅礴力量。"（2020年10月21日习近平给四川省革命伤残军人休养院全体同志的回信）

我们组织推出此套丛书，即是贯彻落实习近平总书记重要指示精神的一个实际行动，是"不忘初心、牢记使命"的一次具体实践。

曾几何时，英雄这一神圣的群体，被明星的光环遮蔽，在不少年轻人的心中，当年妇孺皆知的共和国英雄，似乎离他们越来越远。追星族挖空心思了解明星们的各种癖好，而对开国英雄们的事迹竟然一无所知。相比于二十世纪五六十年代人们对英雄的崇拜和对英雄事迹的传颂，当下对英雄，尤其是为中华人民共和国成立立下不朽功勋的英烈们的颂扬，显得有些薄弱。

一个淡忘英雄的国家，难以面向未来。

让英雄重归视野、永驻心田，是我们组织创作出版这套"寻找英雄的足迹"丛书的初衷，也是所有参与此项工作的领导和工作人员的心愿。

丛书由河北省作家协会组织创作，由花山文艺出版社编辑出版发行。八位写作者，都是河北省文学界颇有实力的中坚力量，活跃于文学创作领域。他们用生动的笔触，表达对英雄的敬仰和缅怀，在采访和搜集资料的过程中，付出了不少辛劳，在此表示由衷的感谢。

丛书的传主李大钊、董振堂、赵博生、佟麟阁、狼牙山五壮士、马本斋、董存瑞、戎冠秀，都是入选"100位为新中国成立作出突出贡献的英雄模范人物"的河北籍英烈，其事迹具有全国影响力和彪炳史册的震撼力。他们属于河北，更属于中国。由于以前曾经出版过很多记述他们英雄故事的书籍，为了能够吸引当下青少年阅读，我们另辟蹊径，寄望在"寻找"的过程中，发现新事迹，挖掘新材料，带给读者全新的阅读体验。

丛书以青少年为主要读者，因此，写作中力求可读性强，避免史料的堆积和过于浓重的学术表述，让阅读者在潜移默化的感染中，学习英烈们的精神，汲取向上的力量，珍惜来之不易的幸福生活，热爱先烈们抛头颅洒热血建立的新中国，为实现中华民族伟大复兴的中国梦发奋工作。

为了打造出一套高质量的精品图书，作者们数易其稿，编辑们反复审读，河北省作协多次召开协调会，从写作动机、行文风格、读者对象、宣传方案到编辑体例、数字用法都进行了深入研讨，并将丛书列为向中国共产党成立一百周年的献礼图书。其间，得到中共河北省委宣传部领导的大力支持和指导，丛书被列为河北省优秀出版物选题并给予资金支持。

从资料的搜集、整理到对相关人物的采访，特别是写作的创新，其间都面临着巨大的挑战。时代在前进，人们的阅读习惯发生了巨大的变化，我们的尝试能否达到令读者满意的效果，现在还是未知数。不管怎样，我们用一颗虔诚的心，回望英烈们的感人事迹，探寻他们的初心，为当代人树立起一面面闪光的旗帜，这个朴素的想法，其实在丛书付梓之时即已实现。

限于资料的收集范围，加之时间紧迫，书中的疏漏之处在所难免，恳请读者批评指正。

让我们一起讴歌英雄，缅怀英雄，学习英雄，踏着英雄的足迹不断前行！

目　　录

CONTENTS

引子…………………………………………… 001

关爱太行抗战老兵，寻找英雄足迹………… 003

苦难的童年………………………………… 009

在贫苦中度日……………………………… 014

从沙坪坝到下盘松………………………… 018

点燃心中的希望之火……………………… 022

忙碌的妇救会长…………………………… 025

救护八路军伤员…………………………… 032

参加晋察冀边区群英大会………………… 046

载誉归来，受到乡亲们的热烈欢迎……… 056

更上层楼，出色完成生产计划…………… 063

戎冠秀运动………………………………… 068

热心冬学…………………………………… 072

抗战中的其他事迹………………………… 076

一次捐赠引出一个感人故事……………… 084

做事讲方法⋯⋯⋯⋯⋯⋯⋯⋯⋯⋯⋯⋯⋯ 092

送子参军⋯⋯⋯⋯⋯⋯⋯⋯⋯⋯⋯⋯⋯⋯ 096

参加开国大典⋯⋯⋯⋯⋯⋯⋯⋯⋯⋯⋯ 105

和平建设时期的优秀表现⋯⋯⋯⋯⋯⋯ 108

胜似母子情⋯⋯⋯⋯⋯⋯⋯⋯⋯⋯⋯⋯ 115

福建前线慰问边防解放军⋯⋯⋯⋯⋯⋯ 119

和聂荣臻元帅的交往⋯⋯⋯⋯⋯⋯⋯⋯ 127

人格魅力⋯⋯⋯⋯⋯⋯⋯⋯⋯⋯⋯⋯⋯ 131

良好家风⋯⋯⋯⋯⋯⋯⋯⋯⋯⋯⋯⋯⋯ 136

无尽的怀念⋯⋯⋯⋯⋯⋯⋯⋯⋯⋯⋯⋯ 145

不忘初心⋯⋯⋯⋯⋯⋯⋯⋯⋯⋯⋯⋯⋯ 151

引　子

时光倒回到三十三年前的 1988 年，一位年逾九十的老人的病情牵动了很多人的心。

她就是戎冠秀，河北省平山县蛟潭庄镇下盘松村人。她病了，但不愿意到医院去治疗，她认为自己到医院去治病是"给国家添麻烦"。

这年春天，戎冠秀感到身体不适，肚子一阵一阵剧痛。消息传开后，一个以石家庄地区医院院长为首的医疗小分队进了山，他们要接戎妈妈进城治病。然而戎妈妈却说："不，我哪里也不去，不能再给国家添麻烦了。"

为了让戎妈妈进城治疗，女儿劝了女婿劝，儿媳劝了孙媳劝，邻居劝，亲戚劝，街坊邻里们含着泪眼劝，但戎妈妈还是那句话："同志们回去吧，快死的人了，不能再给咱公家添麻烦了。"

救护车在她家门口停了整整十天。

在她又一次陷入昏迷时，被部队领导和家人送到了白求恩国际和平医院。

1989 年 8 月 12 日，戎冠秀与世长辞，终年九十三岁。

戎冠秀是谁？她为什么被称为"我们军人的妈"？她近百年的人生经历了怎样的岁月？我们愿逆岁月之流，去追溯她不平凡的一生。

关爱太行抗战老兵，寻找英雄足迹

2018 年 9 月 1 日上午，在中国人民暨世界反法西斯战争胜利七十三周年纪念日前夕，"向抗战老兵致敬，关爱太行抗战老兵"活动在平山县蛟潭庄镇拦道石村中共中央原华北分局旧址纪念馆举行。

从石家庄出发，一路向西北方向。蜿蜒的柏油路，像是太行山的一道褶皱，忽隐忽现。太行山变绿的时候，这条道路就隐蔽在绿色之中。山高林密，寂静的山林中传来知了不知疲倦的歌唱和鸟叫声，像是有人发出信号，蝉鸣和鸟叫忽然停止了，沙沙的脚步声会传到耳中，心中猛然间感到一片落寞。

活动开始后，中等个头、略有华发、声音洪亮、精神饱满的石家庄市志愿服务基金会理事长薛建廷，做了热情洋溢的发言，他介绍了石家庄西部太行山区抗战老兵的情况。目前还有一百一十六名在世，他们的年龄都已超过九十岁。为了表达全社会对抗战英雄的敬仰和关爱之情，开展这次"关爱太行抗战老兵"活动。活动由河北省省会文明办、石家庄市志愿服务基金会主办，河北省人民抗日斗争史资料研究会承办。以志愿服务组织的志愿者为基础，将在石家庄市位于太行山区的平山、井陉、元氏、鹿泉、赞皇、行唐、灵寿七个县（区）展开。

参加过抗战的老兵已至耄耋之年，他们少年从军，保家卫国，经历了炮火连天的岁月。回忆起曾经的战争、战场、战友，他们就焕发了青春，往事历历在目，尽管如今行动已经迟缓，但若讲起某次战斗，他们的眼中还会闪现出一丝精光。说到牺牲的同志，他们的心情会瞬间沉重起来。他们经历了抗日战争、解放战争、抗美援朝战争，经历了新中国的成立、新中国的社会主义建设，经历了改革开放，他们参与了新中国的建立和建设，见证了一个积弱积贫的灾难深重国家的伟大复兴。关爱这些为国家做出过贡献的抗战老兵，关注他们的生活，给予他们应有的帮助是社会的责任。这些年政府始终对他们给予很大的关爱，但以志愿者的方式增加一些关爱，让他们的生活更加幸福是我们表达敬意的一种方式。

在参观"中共中央北方分局历史陈列馆"时，我特别注意寻找有关戎冠秀的图片。果然，在一处图片介绍中，我发现了戎冠秀的照片和相关介绍"冀热辽区召开群英会，冀热辽区领导人和拥军模范合影"。

当时我已经接受了关于"戎冠秀传"的写作任务，这次参加"关爱太行抗战老兵"活动，就是为寻找英雄足迹。其时我并不知道蛟潭庄镇拦道石村，距离戎冠秀所生活过的下盘松村，距离很近。问了几个同行者，都说不清楚。我问纪念馆的工作人员知不知道戎冠秀的基本情况，他们也说不清楚，但是当我知道了戎冠秀所生活的下盘松村就在蛟潭庄镇，距离拦道石村很近的时候，心中难以平静。

英雄人物需要不断提起，他们的故事需要人们常讲，需要持续关注。正如郁达夫在纪念鲁迅大会上说的："一个没有英雄的民族是不幸的，一个有英雄却不知道敬重爱惜的民族是不可救药的，有了伟大的人物，而不知拥护、爱戴、崇仰的国家，是没有希望的奴隶之邦。"我们的民族是英雄辈出的民族，对英雄的拥护、爱戴、崇仰促使我们去做"寻找英雄足迹"这件事，所以，我感觉肩头的担子瞬间沉重起来。

纷乱的思绪中，我又遇到一件有意思的事情。在活动中，我遇到了苟志俊先生，他于1990年参加了《戎冠秀》编辑组，参与出版《戎冠秀》一书的工作。这本书由新华出版社出版，书中用大量翔实的资料，介绍了戎冠秀光辉的一生，是研究戎冠秀的重要一手资料。

回家后，我立即从网上购买了《戎冠秀》一书，虽然资料足够充实，但我还想了解戎冠秀的后人情况，想从他们那里找些鲜活的材料。

2018年9月9日，我随石家庄市志愿者服务基金会秘书长张素锐女士到灵寿慰问了九名抗战老兵。慰问安排了和老兵的交流环节，我在和他们交流的时候，有意说到戎冠秀，他们都非常钦佩，满口赞扬，说到她对于抗战的重要性，使我对戎冠秀的认识有所增加。

感谢万能的朋友圈，我发出寻找戎冠秀后人的信息之后，朋友给我推荐了一位平山的盖姓博友的电话和微信，让我和她联系，于是我通过盖老师找到了居住在北京的戎冠秀的孙子李耿成和孙女李秀玲的微信，联系之后，我们约定于10月21日，在北京李秀玲的家中见面，李耿成也赶到李秀玲的家中。兄妹二人热情地向我介绍了他们的奶奶戎冠秀的很多故事，并把他们撰写的文章发给我。我按照采访内容，从网上购买了田间所写的长诗《天安门赞歌》（原名《戎冠秀赞歌》，新中国成立后田间又增加了一些内容)《白求恩》《白求恩大夫》《华北敌后——晋察冀》等书，进行认真阅读。

李秀玲还向我展示了平山县委、县政府和西柏坡报社联合出版的大型画册《子弟兵的母亲——纪念戎冠秀同志诞辰120周年》。她说她所存书已经不多，并说到这本书的一个编者——《西柏坡报》的总编刘国明先生，是她的同学，在这本书出版中，给予了很大的帮助。我心中喜悦，因为刘国明先生是一位和我交往多年的长者，其人厚道，待人真诚。从北京回来，我立刻和他取得联系，他给我寄来一本画册，供我参考。我看到书上有刘国明先生的藏书印，知道他也是爱书人，答应看完之后归还给他。

这本书，对于我了解戎冠秀有很大的帮助。于是，我决定到戎冠秀的家乡走一走。

村子里的建筑，依山势而建，并不紧密，现在留守在村子里的人，年幼和年老者居多，年轻人多外出打工，很多人留在了县城和市里。对于村里出过戎冠秀这样的全国模范人物，他们都引以为荣，但是对于戎冠秀的具体事情却知之不多。

事有凑巧，2019年7月16日，由石家庄网络文化协会网络文化研究会、河北省博客联盟主办，古中山传家书院承办的《探访生命价值，绽放生命色彩》征文活动的颁奖仪式，在古中山传家书院举行，我的一篇征文获奖，受邀参加颁奖仪式。在颁奖仪式上认识了古中山陵园的董事长赵志国先生，交谈之后，得知他参与了大型画册《子弟兵的母亲——纪念戎冠秀同志诞辰120周年》一书的编辑工作，并担任副主编。随后他拿出2017年由河北人民出版社出版的、他主编的《中国好母亲戎冠秀》一书赠给我，这是我最感意外的收获。他还介绍了在他的古中山陵园有一个"戎冠秀家风传承园"，并约我前去寻访。

7月31日，在古中山陵园公司员工的带领下，我到位于平山县三汲乡的古中山公园戎冠秀家风传承园进行了凭吊，园内的戎冠秀雕像，面容慈祥、发髻利落，再现了"子弟兵的母亲"风采。

戎冠秀家风传承园共展示了三十六幅照片，有戎冠秀为子弟兵切菜做饭、依依不舍送别亲人解放军，以及和孩子们在一起……

这些照片再现了人民子弟兵的母亲、全国拥军模范戎冠秀在战争年代救护伤员、送子上前线、无私支援人民军队的感人场面。参观了戎冠秀家风传承园之后，我建议赵志国董事长在现在的戎冠秀家风传承园内修建一个"戎冠秀纪念馆"，放置一些纪念品和相关的作品，增加人们对这位"子弟兵母亲"的感性认识，让戎冠秀精神在中国大地上永久传承，他欣然接受。

2019 年 8 月 26 日，一个微雨的日子，我独自一人乘车，到位于中山路、泰华街交口处的华北烈士陵园，寻找戎冠秀的雕像。陵园内异常肃静，园内松柏郁郁葱葱，在幽静的林间小路上，我一个人徐徐走来，看过白求恩纪念园、柯棣华纪念园。在烈士墓碑区，我仔细看每位烈士的介绍，发现很多人牺牲的时候还很年轻。我上学的时候和参加工作后，常写到一句话"无数的先烈抛头颅、洒热血"，现在面对一块块烈士的墓碑，我终于知道那句话背后沉重的意义，眼泪不由自主地流下来。他们都曾经风华正茂，他们有父母、妻子儿女，有种种对未来的梦想，但是战争是残酷的，他们为自己的信仰献出了生命，共和国建立之后生存下来的战友把他们安放在这里，让人民永远记住他们、怀念他们。

我终于在陵园内的西南角找到了戎冠秀的雕像和关于戎冠秀的介绍。同时我还去裕华路与中华大街交叉口的街心公园，参观了建在那里的以戎冠秀为原型的一组雕像。

至此，我对于戎冠秀的寻找及资料的搜集基本结束，戎冠秀的光辉形象在我的脑海里渐渐清晰起来。

苦难的童年

1897 年农历九月二十九日，公历 11 月 4 日，戎冠秀出生在平山县杨树壕村一个贫困农民的家庭。1897 年，是农历丁酉年，戎冠秀生肖属鸡。杨树壕是胡塔沟村的一个自然村，杨树壕的名字据说来源于村东的一片杨树林，杨树壕和南庄、南沟三个自然村组成胡塔沟村，全村不到三十户人家，在三个自然村当中南沟人稍微多一点儿，而杨树壕村只有六七户住家。

戎冠秀出生的时节，已是晚秋，再有三天就到立冬节气了，草木凋零，一片萧条的景象。她是父母的第一个孩子，是家中长女，小名柔妮，大名戎光秀，1944 年 2 月，参加晋察冀边区第一届群英会期间，由于口音问题，名字被误读、误写成戎冠秀，后来她就一直使用"戎冠秀"这个名字。

1897 年的中国，腐败透顶的清政府，在经历了两次鸦片战争之后，全面的腐败依然没有收敛，文武百官、大地主、大商人，无不过着灯红酒绿、纸醉金迷的生活。

爆发于 1894 年的甲午中日战争，以签订耻辱的《马关条约》为终结。这次战争后中国割让辽东半岛、台湾岛及其附属各岛屿、澎湖列岛给日本，赔偿日本二亿两白银，还增开商埠，允许日本在中国的通商口岸投资办厂。

中日甲午战争、《马关条约》，这样的事件对于平山县的一户农民家庭——戎冠秀家庭的影响，也许就是让他们本来贫困的家庭雪上加霜，更加艰难吧。

戎冠秀出生后，在此后的几年间，他的三个弟弟光武、光耀、光英相继来到人间，再后来是她的小妹"小妮"，在那样一个时代，这也不算是小家庭了，父母和五个儿女，加上戎冠秀的祖父，还有她的两个叔叔，一个姑姑，都在一起生活，这是个十一口人的大家庭，挤在九间矮小的土坯房中，说是九间，其实面积只相当于现在的两间。由于人口多，吃饭就成了最大的问题。杨树壕村地处山区，人均耕地少得可怜，而且都是贫瘠的山地。父亲和叔叔除了耕种自家的三亩地，还租了别人一片石头多、土质少的荒坡地。收成不好，除去交租，余下的粮食根本不够一家大小吃。一家人尽管勤奋劳作，一年中有多半年的时间都要饿肚子，挖野菜、撸树叶成了他们家最常做的事情。

由于家庭贫困，父亲弟兄三人，只有戎冠秀的父亲成了家，她的两个叔叔终身未婚。三叔去世较早，二叔在抗日战争期间去世，姑姑成年后嫁到外村。

戎冠秀的父亲戎有增，小名欢玉（常有人叫他怀玉），中等个头，常年在地里劳作，身上、脸上都被太阳晒得紫红紫红，他是个勤快的庄稼人，干活肯出力，性格略微内向，不爱言语。

地里的收成不够养家，农忙一过，戎有增便常和弟弟到山西炭窑背炭去。家里有妻子和妹妹照料一家老小，她们在家还磨豆腐卖钱。戎冠秀作为家中长女，很小的时候就知道帮家里做事，起初是挑水、拾柴火，后来就学着做些力所能及的针线活。漫长的冬天里，他们家最常吃的就是用豆腐渣拌糠菜。

戎冠秀九岁那年，有人介绍她的姑姑到龙窝村一户人家当用人。但家里还是揭不开锅，戎有增让年幼的戎冠秀跟着姑姑一起去，精明的地主答应管大人、孩子两张嘴，没有一分工钱。即使这样，戎冠秀的父亲也答应了这苛刻的条件。

能吃上饱饭，对于戎冠秀来说就很满足了。但是好景不长，东家嫌弃戎冠秀干不了重活，开始挑她干活的毛病。戎冠秀气不过，狠狠瞪了地主婆一眼，从此她就受到更多的责难。

一次，戎冠秀干活的时候，发现水缸里有半块饼子，她的肚子实在太饿了，捞出来便吃，正巧被地主看见了，不问青红皂白，抬手就是一个耳光，怒骂戎冠秀偷东西吃。这个时候，姑姑被派外出抓药，无人给小冠秀做主，她含着委屈的眼泪，从地主家逃了出来。

想起在地主家的种种不公遭遇，戎冠秀心里满是委屈，她还并不明白人与人之间的差距怎么会如此巨大。天渐渐黑下来了，大山的影子像是巨兽，小冠秀无处可去，只能一口气跑回家里。

五十里的山路，崎岖坎坷，小冠秀一路上只有一个目标，就是自己的家。家虽然穷，但有呵护她的父亲、母亲，有她可爱的弟弟妹妹。

回到家里，母亲流着眼泪安慰她说："好闺女，咱哪儿也不去了，哪儿也不去了。"

弟弟、妹妹围过来，用一声一声稚嫩的声音喊着："姐姐，姐姐。"戎冠秀是多么希望不再离开这个温馨的家呀。

回到家后的戎冠秀每天带着弟弟、妹妹，上山摘野果，到地里挖野菜，做着能做的事情。有时候，她会帮助邻居抬水、推碾子，邻居会给她一块饼子作为感谢，得到奖赏的戎冠秀总是把所得不多的食物拿回家里，让弟弟、妹妹充饥。

"人有旦夕祸福"，在这一年冬天，父亲的一次意外生病，让这个家庭的生活更加艰难，也决定了小冠秀的生活轨迹。

父亲在山上砍柴时，突然昏厥，跌落山谷。一家人等不到父亲回来，就出去寻找，最后在山谷找到了已经奄奄一息的父亲。母亲四处托人救治，总算保住了父亲的性命，但以后只能卧床在家，不能下地干活了。

父亲是家中的顶梁柱，父亲倒下了，就是天塌了，不但不能干活，日常看病还要有些花销。母亲连哭数日，总是叹气，也找不到解决困难的办法。

正是由于父亲这次生病，戎冠秀的未来被确定。她后来的丈夫李有家伸出了援手，答应以一年一吊钱的价格，先给戎家九吊铜钱，定下了这个儿媳。

就是这可怜的九吊钱，让戎家过了个年，还治好了父亲的病。而戎冠秀也在十五岁那年践行诺言，嫁到沙坪坝做了李有的妻子。

著名诗人田间，在他的长诗《戎冠秀赞歌·第一章 穷光景·一 出嫁》中这样写道：

平山戎冠秀，
十五岁出家门，
嫁到婆家去，
…………
一个小闺女，
做了大媳妇，
好比一棵树，
迎着暴风雨。

在贫苦中度日

从杨树壕到沙坪坝村，有二十公里，中间隔着一道道山梁。戎冠秀婆家的境况，比娘家稍好一些。

1910年冬，戎冠秀嫁到了沙坪坝村，他们按照千百年来的传统和节奏，在贫苦中度日。

丈夫李有，大戎冠秀两岁，性格憨厚，手脚勤快。戎冠秀很快进入了自己的角色，这里将是自己未来的家。

新婚的喜悦没有维持多久，不知何时，公公染上了赌瘾，中国有句俗语"十赌九输"，面对家境迅速败落，戎冠秀和李有都束手无策。

生活越来越困难，婆婆也没有好气，常把气撒到戎冠秀的头上，常说戎冠秀是"穷命"。

在这样的日子里，戎冠秀的大儿子和二儿子相继出生，家里人口的增加，带来的是更大的生活压力。戎冠秀除了做家务，还要上山砍柴，到地里挖野菜，常年行走山中。戎冠秀连条裹脚布都没有。

丈夫李有心疼戎冠秀，偷偷到集上扯回三尺粗布，让她裹脚用。戎冠秀还没用上，就被婆婆发现了，她又哭又闹，连打带骂，戎冠秀只好把裹脚布交给了婆婆。

难挨的日子，让戎冠秀觉得前途无望。绝望之下她想结束自己的性命，一天晚上，在丈夫和儿子睡熟之后，戎冠秀横下心，她拿出绳子，准备结束自己的生命。

丈夫李有突然从梦中惊醒，救下了将要悬梁的妻子。二人无言，相对痛哭。许久，李有才说："咱们好好地过日子，日子长着呢……就算别人嫌弃你，我不嫌。"

李有不健谈，但这简单的几句话却是最暖心的。

尽管戎冠秀勇敢地活了下来，现实的冷酷却并没有改变。由于生活艰难，儿子早早断了奶，家中更是时常断粮，最难的一次，三个月没有粮食吃，全靠野菜和树叶充饥。二儿子在三岁时，竟被活活饿死了。

用一片破席埋葬了儿子，回到家里的戎冠秀，心如刀割，坐在炕边，一言不发地流泪。

生活困难需要想办法去解决，生活的磨炼使戎冠秀越来越强大，想到丈夫和其他孩子，她更坚定了生存的信念。

不久，婆婆家决定分家。一间东房，八斗杂粮，一口破锅，一个木瓢，三个土碗，这就是李有和戎冠秀分到的全部家当。

就这样，跌跌撞撞的日子过到了1928年，不算夭折的二儿子，戎冠秀已经有三个儿子。

这一年春天，戎冠秀又怀上了第四个孩子。

还挺着大肚子，戎冠秀的生活又发生了巨大的改变。春天，同村的一户人家找上门来，说戎冠秀的公公已经将房子和田产抵赌债，输给了他们。这对于李家来说真是一筹莫展，本就贫穷的生活，又被人猛地推向"贫困"的深渊。

田间在长诗《戎冠秀赞歌·第一章 穷光景·二 分家》中写道：

　　　　大小人四口，
　　　　四乡去漂流，
　　　　房子没一间，
　　　　土地没一垄。
　　　　好比树上叶，
　　　　被风吹下树，
　　　　叶子刚落地，
　　　　又被风吹走。

　　　　山水都姓富，
　　　　穷人难出头，
　　　　天长路也黑，
　　　　走，往哪儿走？

真正的房无一间，地无一垄。

无奈之下，全家人央求着，看在戎冠秀挺着肚子的分儿上，再宽限些时日。债主答应，李家可以在这儿住到年底，年底之前，全部搬走……

这年秋天，收成不好。交了租子，家里只剩下不多的谷子和玉米。戎冠秀盘算着用少得可怜的粮食怎样度过接下来的一年。

经常，全家只能喝点儿豆荚汤，戎冠秀的碗里，清汤寡水，能照见人影，李有经常硬把自己的那碗换给戎冠秀喝。而戎冠秀总是把碗推回去，对李有说："你还得干活，只喝汤哪有力气？"

时令已经入冬，比大气更寒冷的是对未来不确定的焦虑：年底必须搬家，一家老小该何去何从？李有更是愁眉不展，常蹲在门前抽闷烟，也没能想出好办法。

一家人的心中满是愁绪，戎冠秀却轻描淡写地对丈夫说："人挪活，树挪死，咱非得在一棵树上吊死？"

戎冠秀说出了心中大胆的想法：离开沙坪坝。

从沙坪坝到下盘松

1928 年 2 月，太行山深处的沙坪坝村，寒意尚存。戎冠秀一家背上粗陋的行囊，告别了邻里乡亲，踏上了通往下盘松村的道路。戎冠秀从 1910 年只身一人嫁到沙坪坝村，到现在已经过去了十八年的时光，今天搬迁，是无奈之举，除了丈夫李有，他们还带着三子一女搬迁，这是个不小的队伍。大儿子李聚金今年虚岁已经十四了，二儿子李存金才只有八岁，三儿子李兰金刚刚四岁，女儿李荣花还在襁褓中。李家之所以能拖到现在搬迁，是因为戎冠秀有孕在身，如今孩子刚出生，他们也要兑现自己的承诺了。下盘松村距离沙坪坝村并不远，迈出这一步，是被逼无奈，也是他们经过慎重考虑，走出旧日生活，奔向新生活的开始，前路漫漫，举家离开祖辈生活的地方，确实需要很大的勇气。

李家在沙坪坝的生活，已经每况愈下，贫困、饥饿不断困扰着这个家庭。在公公赌博输掉大部分祖宅之后，李有和戎冠秀夫妇失去了居所和田地。面对残酷的现实，戎冠秀最终决定，离开沙坪坝，到别处去寻找生路。

戎冠秀四处打听，听说下盘松村一家韩姓人家要雇佣一个用人。经过一番争取，韩家答应雇佣戎冠秀一个人，可以提供长工屋给一家凑合着住。如果愿意，还有几亩荒地可以租种。

面对苛刻的条件，戎冠秀毫不犹豫地说："到这个份儿上，咱还挑啥？"她毅然决然地决定，"拾掇拾掇搬家吧！"

在那样的社会，下盘松村也不是穷人的天堂。到了下盘松村，一家人才知道，韩家提供的长工屋，不过是一处借山洞搭建的草棚。戎冠秀和李有见此情况，相对无言。孩子们也不再嬉闹，有些失望地看着父母。戎冠秀苦笑一声："这以后就是咱家了。"

听说后山长工屋搬来一户人家，下盘松村村民们都前来探望。这是下盘松村唯一一户外来户。全村人看到他们一家的困苦生活，纷纷伸出援手，有的送来水瓢，有的送来菜刀，还有的拿来锅盖、笤帚、凳子……经过李有和戎冠秀的拾掇，长工屋很快就有了个家样。

到下盘松村的第二天，戎冠秀就开始到韩家做工。

韩家是大户，一家老少二十多口人，刷锅洗碗，一日三餐，收拾屋子，推米磨面，戎冠秀的一天被安排得满满当当。做活实在太忙了，戎冠秀不得不狠心把还没断奶的女儿荣花扔在家里，每天抽空回家两次，给孩子喂奶。

有一天，戎冠秀在韩家忙活到下午三点，她正打扫干净碾盘，套上驴准备磨面，突然间想起，忘记回家给孩子喂奶了。

她火急火燎地赶回家，戎冠秀呆立在门口，女儿不知什么时候摔在地上，满脸泪痕，蜷缩在墙角睡着了……喂完奶，戎冠秀的眼泪还一直在流："没办法啊，娘还得去做工啊，不然这个月的工钱……"

还没满一岁的女儿听不懂娘在说什么，戎冠秀更像是在自言自语，她一咬牙，找了根绳子把女儿拴在木楔子上，转身走了。

日复一日，每天像是复制的日子，但每天其实都是一个新的开始，孩子们逐渐长大，自己和丈夫却在变老。戎冠秀一家的生活稳定下来了，其实，整个家庭贫苦的状况并没有好转，只是暂时稍稍安稳罢了。生活的沉重使不到四十岁的戎冠秀，已经有了白头发，看着自己因为大强度的劳作而粗壮的手指，看着山洞里简朴的家，戎冠秀总是想，穷人什么时候才能活出个人样？

1936 年，戎冠秀一家来到下盘松村已经八年了。村里的学校调来了新老师，但让孩子们去上学，戎冠秀从来没有那样的想法。哪个父母不希望自己的孩子能够识字？但在那个时代，上学是富人的专利，穷人的孩子根本不沾边。

一天晚上，新调来的冀老师居然爬上后山，来到了戎冠秀家。冀老师说明来意，让适龄的三儿子兰金去上学，而且是免费的！听到这些话，喜出望外的戎冠秀一时不知道该说些什么，她竟然给冀老师叩头以表示感谢。

"嫂子，使不得！"冀老师连忙扶起戎冠秀，大家坐着聊了起来，戎冠秀和李有都是一天书都没有读过，面对见多识广的冀老师，它们大多时候是作为听众。冀老师的谈话内容很多，也很广。天南海北，从平民皇帝朱元璋讲到洪秀全的农民起义，最后讲到了中国共产党和陕北红军打土豪、分田地，领导穷人闹翻身……

冀老师的话，像是给戎冠秀和李有打开了一扇门，门外是繁华多彩的世界，这都是他们闻所未闻的事情，冀老师的话在他们心里像是生了根，尤其是冀老师说的：红军在不久的将来，就会来到太行山深处的山沟里来。戎冠秀和李有的心亮了起来，他们仿佛看到了美好的生活就在不远处。

点燃心中的希望之火

1937 年 7 月 7 日夜，侵华日军发动七七事变（亦称卢沟桥事变）。日本开始全面侵华，抗日战争爆发。北平、天津、石门相继陷落，日本侵略者很快攻陷了华北。正太铁路沿线的太行山的村庄，也都遭到了日本侵略者炮火的蹂躏。

正当人们被炮火弄得人心惶惶、六神无主之际，下盘松村终于迎来了一个好消息：八路军来了。

一开始，戎冠秀还不知道"八路军"是啥。三儿子兰金说，"八路军"就是冀老师讲过的红军！兰金还说，村里的黑娃，前一天在镇上看见了八路军。

戎冠秀的眼睛一亮——日子有盼头了！

原来，北上抗日的八路军，在平型关大捷之后，部分官兵在聂荣臻、罗荣桓等的领导下，陆续进入平山一带休整和扩军。红红绿绿的传单，点燃了滹沱河畔的抗日烽火，农村抗日救国会、青年救国会、妇女抗日救国会相继在各村庄成立起来。

更让戎冠秀感到惊讶的是，当年拉着兰金去上学的冀老师，原来是一名中共地下党员。

在这一年，李有被推举为下盘松村农村抗日救国会主任，因为有纪律，戎冠秀不知道丈夫李有加入了中国共产党。

1938 年，经过李有的介绍和组织的考察，戎冠秀也加入了中国共产党，成了一名光荣的共产党员。

戎冠秀不识字，但从这年一直到生命终止，入党的誓词她都牢记在心："我志愿加入中国共产党……为共产主义事业奋斗到底！"

入党之前，戎冠秀是一名农村妇女，侍奉公婆、相夫教子，几乎是他生活的全部内容。八路军的到来，让她看到一支为了百姓而战的军队，对未来的生活充满了希冀，敢于追求平等与幸福。她再也坐不住了，随同李有加入到火热的抗日救亡工作中去。

戎冠秀的第一项工作，就是劝村里的姐妹们"放足剪发"。一开始，戎冠秀对"放足剪发"也不理解，区里同志的一首歌让她明白过来：剪发为了整洁，放脚为了方便劳动，也为了对付鬼子。

戎冠秀性格泼辣、通情达理，但是村里其他很多妇女就不那么容易接受了。人们在村前空地上开大会，戎冠秀一个人跑回家，再回来时，头上留了二十多年的发髻包不见了。她站在最前面，当着众人的面，扯下裹脚布撕碎，再站起来，大声鼓励着其他妇女也像她一样放足剪发。

这是她第一次在众人面前讲话，脸憋得通红。随后几天，她挨家挨户上门做工作，面对大姑娘、小媳妇，甚至老太婆，她动之以情、晓之以理，下盘松村的妇女们一个不落全都剪了发放了足。

不久，戎冠秀加入了村妇救会，还被大家推举为会长。此后很多年，村里人们说起戎冠秀，都以"老会长"相称。

下盘松村的妇女工作做得出色，也带动了周围村庄的工作。千百年来的封建陋习"一下子被撕出了大口子"，妇女群体中也开始建立起良好的拥军基础。

多年以后回想起来，戎冠秀说，八路军出现在身边，他们的一举一动、大事小情，让她感到前所未有的踏实。在那之前，几十年的穷苦并不是最可怕的，最可怕的是对未来的无望，对那些不公与束缚的无法摆脱。

1938 年的华北地区深处战乱之中，但共产党领导下的敌后工作，却点燃了那些农民心中埋葬太多年的希望之火。

忙碌的妇救会长

从 1938 年开始，戎冠秀相继担任了村妇救会长、交通站副站长等职务。对于一个不识字的农村妇女来说，她上任后的一项重要工作，就是学习。随着听党课、开党会，办理党交给的各项具体工作。戎冠秀的眼界打开了，对于抗日形势与革命思想的认识，越来越深。

戎冠秀加入共产党的时候，正是全国共产党员发展最快的时候。八路军东渡黄河的时候，全国的共产党员只有四万余人，到 1938 年底，增加到五十余万人。

农村党员人数的成倍增长，对于抗日民主政权的稳固、农民政策的实施起到了至关重要的作用。

"要翻身，先翻心。"戎冠秀这样对乡亲们说，"富人是靠穷人的血汗富起来的。"搞减租减息运动，她率先找到当年的东家说理算账，做工作，最终让老东家执行了减租减息政策。

地主与佃户平等相待，是在大的政策背景下实现的，但也离不开她个人性格的魅力。在东家多年任劳任怨，如今领导包括老东家在内的全村人民抗日救国，穷人支持，富人服气，戎冠秀靠的就是德和理，无论对谁，从来都是一碗水端平。

1938年9月，晋察冀边区党政机关由聂荣臻率领，从山西五台前往河北平山一带。平山妇女碾公粮、做军鞋、缝军服，格外繁忙。

下盘松村领到了做军鞋的任务。戎冠秀带人领布料，分配工作，把工作打理得井井有条。那些天，戎冠秀每天的工作都是满满当当，晚上都要加班，一连几天，她忙得有些焦头烂额，恨不得能分几个身出来，说到分身，她想到几个孩子，兰金已经十四岁了，荣花十一岁，喜花也八岁了，都能帮助干些活儿，于是她让兰金帮着验收、记账，荣花、喜花提鞋、递鞋、看摊子……村里人都说，戎会长家里像开了个收购站，办了个制鞋店。

经过一天的忙碌，到了晚上，戎冠秀浑身疲乏、昏昏欲睡，可她不能睡，因为她没有完成自己硬留下的做五双军鞋的任务，荣花、喜花年龄太小，纳鞋底、缀鞋帮根本帮不上忙，她只得强撑精神，咬紧牙关，在棉油灯下穿针引线，加班加点。屋里还没有生火，大山里夜深后气温骤降，手冷得直打哆嗦。她哈哈气、搓搓手，继续往下做。小喜花半夜醒来，看到母亲还在做活，就说："娘，这么晚了，你还没睡啊？俺早给你把这被窝暖热乎了。"

戎冠秀疼爱地看看小女儿，说道："好孩子，你安安生生睡你的觉，娘纳完这只鞋底儿。娘这会儿不熬会儿眼，白天忙活起来就没工夫了！"说着，在头上篦下针尖又纳了起来。

慢慢地，她沉重的上下眼皮开始打架。停下针，打了个哈欠，用指节敲敲脑门，揉揉眼眶，继续挣扎着往下纳。小喜花又睡实了，碾了一天公粮的李有，打着呼噜，也睡得很踏实。突然，戎冠秀"哎呀"叫了声，小喜花和李有被惊醒了！原来她困乏过度，不知不觉睡着了，头一晃一低，猛然扎在油灯上。伸手一摸，前额上方让火燎去了一片头发，肉皮又肿又疼，屋里弥漫起一股烧头发的味道。

第二天走到街上，爱逗的人见她头上秃了个"发坑"，模样古怪，忍不住打趣："戎会长，你不娶媳妇，不打发闺女，打扮成这样，是俊哪门子？"

戎冠秀拍拍头上的发坑，笑着说："这有啥稀罕？昨天夜里和灯亲了个嘴。"

大家忍不住哄笑起来，都知道她是熬夜纳鞋底累的，她在人们心目中的威信更高了。

戎冠秀顶个发坑，却不以为然，和原来一样昂着头，踮着小脚，转着查看大伙碾公粮的情况。她穿街绕巷，看过这个碾盘，又去瞧那个碾盘，看呀，搓呀，不厌其烦一家家一户户叮嘱乡亲们：

"这得再筛一遍，里面有烂米。"

"细心一点儿，沙子一粒也不能有。"

"多簸两遍，糠还不少呢？"

一位老伯用爬满青筋的手捧起一把黄澄澄的小米，冲她说："大妹子，我这米该过关了吧？"

戎冠秀走到跟前，仔细一瞧，蹲下身子，在簸箩里用手一搅，这才站起来，笑眯眯地说："老哥呀，这就对了！子弟兵在前方打仗，比不上咱在家里方便，仗打紧了，顾不上簸顾不上淘，就得把米倒在锅里煮，有沙子有糠硌了牙噎了嗓子咋能行？咱们碾的米就要一等一，就得让子弟兵一百个放心。"

"还是大妹子说得对，子弟兵掖了脑袋去打仗，还不是为了咱老百姓？"老伯眉开眼笑，让米从指缝又流到簸箩里，心却和戎冠秀融在一起。

戎冠秀东跑西颠，左查右看，同时又一包包一双双收验着做好的军鞋。有时她到外面忙工作，便由兰金、荣花先代收，她回来再重新检查。一个地主婆，因为对减租减息有意见，做军鞋时贪污了布料，往鞋底垫层添加了朽布、树叶，兰金代收后，戎冠秀在后来检查时发现了，她找到地主婆，狠狠批了她一通。这位地主在抗战上也算开明，当即将老婆臭骂了一通，戎冠秀最后对地主说："事儿，你也看到了，明天晌午吃了饭，你让你老婆到我家里开个会，要是不去，这事儿呀，告诉咱们村的人不算，还非得给你捅到区里不可！"说完扭头就走。

当天，她找到八路军供给部和区里的同志，虚心请教外地做军鞋的经验，八路军供给部的同志转战多地，经验丰富，知情的同志当即做了介绍，她一一记在心中。

第二天，她为妇女姐妹们开会时，先让大家看了几双质量高的军鞋，又看了地主婆做的那双军鞋，大家见鞋里垫了朽布和树叶，惊愕不已，连怨带骂，议论纷纷，地主婆夹杂在人群中，表面故作镇定，可心里早紧张得哆嗦起来。她心里拿定主意，如果戎冠秀说话不算话，真把这事抖搂给大家，她就翻脸不认人，拿出死猪不怕开水烫的样子。就在她心里七上八下提心吊胆时，戎冠秀憋足了气，大声说道：

"各位姐妹们！八路军打日本鬼子救中国，保卫咱们的家，把命都豁出去了，咱们能让人家光着脚板打仗？一双鞋子都不想做，偷工减料搞鬼把鞋做成这样，不是坑人吗？真要是打起仗来，穿上这样的鞋上战场，鞋底一折，还不得把脚跑坏把命搭上！拍拍胸口，摸摸良心哪儿去了？咱可不能黑心眼！"

院子里鸦雀无声，戎冠秀真挚而又实在的话重重砸在每个人的心坎，地主婆不仅为之一动。戎冠秀对党的抗战政策有所了解，知道地主也是抗战团结的对象，这时，接道："这事儿，咱们也不追究了！眼下，咱们要团结起来一致对外——支前打小日本要紧……"

地主婆心里倏然一松，戎冠秀斩钉截铁地说道："谁做得这种昧心鞋，谁要如数补上，并且还要多做两双将功补过！"话音一落，地主婆长嘘了一口气，向戎冠秀投去感激的一瞥。

教育了大家，圆满处理了此事，戎冠秀的心情变得格外明朗起来，随后，像拉家常一样，讲了自己找八路军供给部和区里的同志"取经"的事。最后展开眉眼，轻拍着手，把阜平县高街村军鞋做得好，自己刚学到的几句顺口溜，念给大家听：

> 高街鞋，不平常，
>
> 双双缉鞋口，
>
> 对对斤二两，
>
> 前五趟，后四趟，
>
> 腰里密密纳三趟。
>
> 底大帮子小，
>
> 穿上可脚打胜仗。

在戎冠秀的带动和积极组织下，这次军鞋征收任务按时按质圆满完成，受到八路军和区里的表扬。

不单单做军鞋是这样，完成做军衣任务时，她也要求严格。每次从八路军供给部或被服厂领回布和棉花，都要用尺子量一量，用秤称一称，一套一套发给妇女们去做。不管几十件，还是上百件，她总是先做好一件当标准，让各村妇救会长仿照做。裤缝、衣缝全是双线缝，还要倒钩针。她不止一次对妇女姐妹们说："子弟兵打仗摸爬滚打，衣裳不下身，不结实不行！"收衣服时，大家交来的衣服一摞一摞顶着房顶，但她毫不马虎，全要一套套过秤，看够不够斤两，然后还要冲着太阳或灯光仔细照一照，提防一些有私心的人把新棉花换成旧棉花。一照，里面蒙蒙透亮发白，是新棉花；如果是黑暗不见隐光，就是旧棉花，这是她自己在收军衣时摸索出的经验。照完后，算是抓住了大节，小节也不放过，还要一件一件详细看看翻翻：衣缝是否匀称，线是否结实，是稠还是稀；四处摸一摸，看看棉花絮得是否匀实，有无起坑发瘪之处。

戒冠秀还领导着儿童团，她一次次给他们开会，教育孩子们要爱护八路军。她还时常组织儿童团做慰问袋，写慰问信，慰问八路军和军烈属，鼓励孩子们提高警惕，站好岗，放好哨，细心盘查路人，防止坏人破坏捣乱；还要当好通信员，送好鸡毛信……

无论何时何地，每当遇到有关八路军和村里抗日的大事小情，戒冠秀都能以身作则，带头去做去办，人们常常看到，她踮着一双小脚，从村东串到村西，从村南串到村北。要粮，她去弄粮；要草，她去寻草；要房，他去找房；要人，她去找人，事事处处走在大家前面，她以天天如一日的行动，赢得了大家的心，得到了全村人的一致认可，也受到了过往八路军和区里的高度赞扬。

救护八路军伤员

抗战时期，平山是晋察冀边区的南大门。侵华日军视中国共产党领导的晋察冀边区根据地为心腹大患，恨之入骨。为围剿歼灭我党政军领导机关和驻扎于此的八路军部队，摧残根据地的生存环境，除了经济上的封锁，还多次调遣重兵对晋察冀边区根据地进行大规模的"扫荡"。

下盘松村地处深山根据地北部，八路军在这一带多次与奔袭而来的日伪军作战，时有伤亡，戎冠秀作为村交通转运站副站长，"扫荡"期间，她除组织妇女姐妹救护八路军伤病员外，曾亲手数十次救护和无微不至地照料八路军伤病员，得到了八路军指战员的高度称赞。

1941 年 8 月 23 日，日军一万七千多人兵分九路分别从灵寿、回舍、娘子关、八里沟、五台耿镇、井陉等地出发，一起围攻以平山为目标的晋察冀边区四分区腹地，当日占据了蛟潭庄、古道、六亩元、营里、下口、洪子店、温塘等地。

为了粉碎敌人的"扫荡"，驻守在平山的晋察冀边区五团，根据军区指示，和其他机关部队一样，化整为零，分成若干小分队深入敌后，寻找机会歼灭敌人。其中，一连连长邓世军带领全连战士，就活跃在湾子、下盘松村一带。

戎冠秀积极配合一连行动，主动掩护和救护伤病员。一次，一连与日军激战四个多小时，四名战士身负重伤，有一名战士被抬到了下盘松村时，已经不省人事。五团政委肖锋听到这个消息，马上带侦察班两名战士赶到下盘松村探望，这时，伤员已被戎冠秀接到自己家中救护。外面常有敌人活动，肖锋担心伤员会给戎冠秀一家带来危险，想派人把伤员送走。戎冠秀见伤员昏迷在炕上一直不醒，怕半路颠簸出事，坚持不肯，毅然说道："为了救护八路军伤病员，我什么都不怕。"肖锋看到伤员情况和戎冠秀坚决的态度，只好同意了。为了救护伤员，戎冠秀日夜守候，关心备至，想方设法为伤员做可口的饭菜。敌人摸来时，又设法把伤员背进隐蔽的山洞，自己则躲在山旮旯，顶着冷风，为伤员站岗。

一天，五团与进犯的日军突然遭遇，再次展开激烈战斗。战斗中，十八名同志身负重伤。团里派人把重伤员抬到下盘松村转运站，准备运送到古榆树村临时医院治疗。戎冠秀怕路上再出意外，坚决要求留下几名重伤员由她护理。起初八路军考虑日军频繁搜山抓人，怕她遭遇危险，没有同意。她说什么也不干，最后，五团送伤员的同志，只好把一连六班战士封建明留下让她救护。以后随着战斗的不断增多，伤员也逐渐多了起来。每次一听说有伤员送来，戎冠秀会马上跑到转运站照料，并且多次争着把重伤员接到自己家里。

有一回，她听人说，转运站上有两个伤员想吃个萝卜，便赶紧跑回家拿了八个大梨送来，这时，抬担架的民兵正抬起伤员要走，戎冠秀让他们先把伤员放下，亲自把梨放到担架上伤员的胳膊窝里，一再嘱咐伤员："同志，就在这拿着方便，以后如果需要，就捎个信儿来，我再想法给你们送。"

反"扫荡"期间，作为交通站副站长的戎冠秀，前方打仗，她日夜奔忙，带领妇救会员送饭送水，慰劳军队；前方伤员多了，男人抬不过来，她带领妇女姐妹去抬；日军进村"扫荡"，她组织群众坚壁清野。除了救护八路军伤员，她还时刻惦记着村里的乡亲们，总是抽出时间，在敌人停止"扫荡"时，到各处去看看。她南沟北坡地绕山走，平时走惯了的并不远的线路，现在只能绕着走，平时半小时的路现在可能要走上半天，即使这样，她也要去看看大伙儿生活怎么样，有人闹病没有。

村里有一对母子，男孩儿韩增英刚刚七岁，这次转移，他们娘儿俩跟一些人跑到大坟沟去了，人们都钻到一个大窝铺里，却不让他们娘俩进去，因为他们正在长疥疮，长得很厉害，人们都怕传染。没办法，天已经黑了，娘儿俩只好蹲在坡根底下，偏偏天又下起雨来，连绵的秋雨真烦人哪！娘儿俩顶着一床棉被在坡根儿底下淋着雨。儿子增英对母亲说："娘，咱去找老会长吧！她躲在大坟沟的核桃坪。"母子俩冒着蒙蒙细雨，趔趔趄趄地来到核桃坪，在一个地棚子里找到了戎冠秀。戎冠秀一见这娘儿俩浑身湿漉漉的，嘴唇都冻紫了，忙把他们拉进地棚子里，热情地说："快，快进来暖和暖和，看把你们凉的——秋后的雨，冷啊！"

戎冠秀的心里揣着一盆火，对待乡亲真是贴心。她看这母子的疥疮长得实在厉害，痛痒的钻心。她就想方设法给他们医治，先弄来一捆陈甘草，又冒着危险跑回村里取来硫黄，把硫黄给这娘儿俩擦抹到身上，然后点燃干草用火烤疥疮……这土验方虽见了效，但还没能彻底治好。她又弄来一把砂酒壶，里面装进黑豆粒儿，用两块石头把砂酒壶倒着架起来，在壶底儿上燃着干草烤，烤得里边的黑豆粒儿顺着壶嘴儿往外滴落油珠儿，趁热用油珠儿往疥疮上擦抹……这偏方真管用，只擦了几次，母子俩的疥疮就治好了。感激得增英他娘攥住戎冠秀的手，流着泪说："我可该怎么谢谢你呀——老会长！""谢个甚！"戎冠秀半嗔半笑地说，"芝麻豆粒儿点儿事情，不应该吗？"

那些日子，韩增英母子一直跟戎冠秀一家人藏在一起，一块儿吃，一块儿住，韩家娘儿俩不知吃了戎冠秀家多少粮食，她从来不提也不问。增英娘从心眼里感激戎冠秀——人们心中的老会长，她不止一次地对儿子说："增英啊，长大了，可不能忘了老会长对咱的帮助和照顾。"儿子含泪答应他娘，一定记在心里。

一天，戎冠秀正在山腰为群众瞭望敌情，忽然看见不远处的山坡上匆匆走来两个妇女，离他们不远处的沟底，一群鬼子蚂蚁似的正往山上爬。看到这种情况，戎冠秀急得手心直冒冷汗，喊不敢喊，叫不敢叫，生怕一有声响，两人被敌人发现……这可怎么办？忽然，她猛然想起一个办法，伸手摸起一小块石头，冲两人脚下轻轻扔去。石头从两人脚边滚了过去，两人毫不在意，仍往前走，扔了一块，再扔一块，石头终于碰到前面妇女的脚，两人一怔，惊觉地停下脚步，很快便看见躲在岩石旁边向她们招手的戎冠秀，于是两人赶紧走向戎冠秀。戎冠秀一指爬山的鬼子，两人吓得吐了吐舌，这时戎冠秀对本地口音的矮个姑娘说："鬼子若是发现了咱们，你就说是我的闺女。"又对外乡口音的高个姑娘说："你口音不对，就说是我的儿媳妇。"说完，见两人抿嘴想笑，便严肃地叮嘱："好好记住我的话，绝不能有一点儿差错。"

就这样，敌人"扫荡"期间，戎冠秀以特有的大胆和机智，不仅多次救护八路军伤员，一次次帮助乡亲，还认下了陌生的"闺女"和"儿媳"，掩护了两名女工，保证了她们的生命安全。

1943 年，华北日军为迅速安定后方，以便继续抽调兵力增援南洋。抽兵前，对晋察冀边区根据地北岳地区进行了为期三个月的所谓"毁灭扫荡"。"扫荡"的重点之一是平山的腹心地区。抗日根据地军民在上级领导下，由四分区党政军领导亲自指挥，军民合力，团结一致，与敌人展开了残酷的反"扫荡"斗争。驻扎在平山的各部八路军部队在不同地区与敌人进行了各种各样的反"扫荡"斗争。

一天拂晓，浓雾笼罩了下盘松村周围的山村，戎冠秀和村干部把全村群众召集起来，指挥大家转移入山。人们刚刚隐蔽在大坟沟一个山洞，外面就响起零落的枪声。她嘱咐乡亲们藏好，不要乱动，自己便要钻出山洞，乡亲们担心她的安全，劝她不要出去，她说："没事，我到对面山上看看情况。"说罢，钻出山洞，迅速摸向对面山头。不一会儿，登上山顶，朝四下一望，不禁大吃一惊！只见东南、西北和北面山顶"报告"敌情的"草人"全都被放倒了。三面草人全倒，说明敌人是分三路向下盘松村一带过来的，她定下心来，仔细朝各沟口眺望，不一会儿，只见每个沟口都出现敌人。她立即后退，藏在一块大石头后，继续观察敌人的动静。

突然，山背后传来一阵激烈的枪响。她的心禁不住怦怦跳了起来，暗想："枪声传来的方向，住着八路军后方医院的伤员，不知道都安全转移了没有。"她着急地向那个方向望去，这时，忍不住吸了口凉气，只见前方的山间小路上，影影绰绰向这边走着一个人，她提起心，立即绕路下山，悄悄向那边摸去，越来越近，越近看得越清楚，那人行动吃力，身子跌跌撞撞。因为弄不清这个人的身份，她急忙掩藏在一片灌木之后，仔细观察。她渐渐看清了来人身上的灰色军装和八路军臂章。"啊！是自己人。"她心中一惊，从灌木丛后闪了出来，急步迎了上去，一把拽住了对方。

"哎呀！八路军同志，快跟我来！"

这位八路军同志，左胳膊受伤，身体哆哆嗦嗦，上下牙磕得咯咯发响，好像正在发疟疾。戎冠秀顾不上多说，紧紧搀住他，指引着方向，一步步向前艰难行走，摸到掩藏群众的洞口。才要进洞，她猛地收住脚步，又变得犹豫。洞里人多，成分杂，人们的觉悟高低不一，万一有人……闪念间，她当机立断，马上回身小声道："同志，这儿不能待了，咱们还得再找地方，走！"说着，搀起伤员，绕过山崖，向另一个沟里走去。羊肠小道崎岖陡峭，伤员的两腿哆哆嗦嗦直打战。她怕伤员吃不消，又担心坡滑，停下脚，果断地对伤员说："山路难走，情况紧急，来，我背你走吧！"

望着她花白的头发，伤员摇摇头坚决不肯："不，不，我能走。"戎冠秀见伤员执意不肯，不得已，把他一条胳膊搭在自己肩上，用膀子斜扛着伤员的身子，两人开始脚步蹒跚地向半山腰攀去。他们终于来到一个山洞前——这是戎冠秀和少数几个村人所知道的一个暗洞。她一抹额上的汗珠，手向上一指，气喘吁吁地说："同志，到了！"

伤员仰头一看，只见山腰峭壁半空，一块巨大的山石外凸着，凸石下边有个洞口隐隐显露，不注意看还真发现不了。戎冠秀喘了口气，身体往下一蹲，头也不回地冲伤员说："来，踩住我的膝盖，往上爬！"伤员很听话，踏上她的膝盖，攀住洞口上边，准备用力上爬时，山石又光又陡，脚没处蹬，加上受伤生病浑身少力，试了几试，怎么也攀不上去，不得不无奈而又焦急地叹道："我，我上不去！"

这时，附近的山头响起了零星的枪声。戎冠秀朝四下望望说："不怕，有办法。"说着，猫腰蹲下身子，拍拍肩头，冲伤员说："来，蹬住这儿，再上！"

伤员两眼含泪，歉意地望了她一会儿，一咬牙，蹬上她的肩头。她用两手紧紧攥住伤员的脚脖，憋足气，用力向上一挺，慢慢站了起来，可是伤员的两手摸不着可以抓的东西，仍然攀不上去。怎么办？戎冠秀略微喘口气，上牙咬住下唇，两眼一瞪，双手攥住伤员的脚跟，用尽全身力气，借着石壁，猛然向上一顶，这时，她的两条胳膊犹如两根铁棍，一下把伤员托了起来。这时，伤员伸手抓住了洞口边的一块石头，使劲一努，一下钻进了洞口。

枪声越来越近了，戎冠秀如释重负般松了口气，抬头向伤员嘱咐道："在洞里好好待着，记着，外面无论发生什么情况，也别动，有我来保护你。"说罢，转身下坡，又一口气攀到对面山梁，藏在一棵树下，目不转睛地监视着沟口。就这样，一直等到傍晚日军撤退后，她才离开山顶，绕到乡亲们藏身的地方，喊出乡亲。随后，又赶到掩藏伤员的暗洞，把伤员接了出来。经过询问，才知道，原来这位伤员就住在下盘松村北约二十里处的花木村八路军后方医院，鬼子"扫荡"，大家转移时，他因为生病打摆子，走不动，不慎掉了队。说完这些情况，伤员想走，戎冠秀说："你往哪里走？部队和医院不知去了哪儿，再说，你胳膊有伤，身子又发摆子，能走得动？就安心待在这儿，我去给你找点儿喝的吃的送来，如果鬼子都走了，村里没事儿了，再接你回家，给你弄点儿治摆子的草药喝喝，你看行不？"伤员感激地抓住戎冠秀的手，颤抖地说："大娘啊，谢您了！我一定尽快养好伤，早日重返前线，狠杀日本鬼子！"

经过戎冠秀的精心照料，这位伤员终于伤愈归队。后来，在边区第一届群英会上，她与这位伤员意外重逢，这才得知他竟是边区战斗英雄五团连长邓世军。

在9月中旬至10月中旬、10月中旬至11月上旬两个阶段的反"扫荡"斗争中，平山境内抗日军民团结一心，经过与敌人反复周旋交战，日军的"扫荡"计划渐渐落空。到11月中旬，反"扫荡"进入到第三阶段，日军开始以一部兵力进行重点奔袭合击，大肆对众多村庄进行烧杀破坏，掩护主力分批撤退。我们的部队一面在根据地内作战，粉碎敌人的奔袭合击，一面在外线展开进攻，将敌人向外调动，趁机歼敌。

12月4日，四分区五团由六亩元迁回柏叶沟，还没来得及吃饭，两千多名敌人兵分三路包围了五团五个连。情况万分危急，为了钳制和消灭敌人，激烈的战斗进行了三天三夜，日军被打得七零八落，敌人恼羞成怒，不甘失败，重新纠集兵力进攻，战斗前后持续了六个昼夜。

下盘松村距柏叶沟十余里，村人在山沟隐蔽了六天六夜。一天深夜，村民宋洪洪的母亲，不知为什么，突然得了"急疯"，戎冠秀为她掐掐了差不多半夜时间，最终还是咽气了。因情况不明，形势紧张，乡亲们不能回村办丧事，戎冠秀毅然说道："大家安安生生在沟里藏着，我回村帮洪洪料理一下丧事。"随后，与申素理等几个年岁大点儿的妇救会员，潜回村子，为宋母安顿丧事。

办完丧事，见无情况，戎冠秀抓紧时间赶着碾米，这时，从柏叶沟送来一名八路军伤员并把他送到了交通转运站。听到这个情况，戎冠秀赶紧丢下手里的活儿跑到了担架前。只见伤员的头肿得很大，身上有六处刺戳的伤口，浑身上下到处都是黑乎乎的血渍，闭着眼睛，一声不哼，鞋袜不见了，脚裸露在棉被外冻得发紫。她看在眼里，疼在心上，赶紧过去，把伤员的脚轻轻移入被中，附身轻叫："同志！同志……"可伤员毫无反应。摸摸他的鼻孔，还有点儿气，她知道，这一定是和敌人拼刺刀负的伤，伤这样重，千万不能耽搁，便立即说道："快，把亲人抬到我家里，放到炕头上先暖暖！"

两天两夜，她已经没合眼了，叫上申素理，跟着赶回家。点上油灯，申素理端来一碗开水，她慢慢蹲到伤员身边，接过水碗，一尝太烫，撮起嘴轻轻地吹了一会儿，再尝尝，水终于变温了，便抱起伤员的头，拿勺掰开他紧闭的牙关，用筷子撑着，一勺一勺慢慢往伤员嘴里喂水。伤员咽不进去，水从嘴角又流了出来，戎冠秀目不转睛地望着他，静静地想："只要你还有一口气，我就一定想办法把你救活！"她把手慢慢伸到伤员嘴边，感觉不到气息，忙解开他的上衣，用右手捂住伤员的心窝，突然，手指感到心跳，她的心怦然一跳，止不住惊喜道："还活着，他还活着！心还在跳！"她让申素理重新把水温热，一勺一勺喂往伤员嘴里……可是伤员没有意识，仍然咽不下去，又顺嘴角淌了出来。她放下手里的小勺，左手托起伤员的头，右手顺着嗓子眼、心窝，一点点轻轻往下揉，揉了一遍又一遍。

揉着揉着，她猛然眼睛一亮，对申素理说："刚才，我听见他的嗓子眼咕噜了几声，好像咽了点儿。"说完，拿起小勺，又一勺一勺喂了起来。当水流过伤员的喉咙，发出轻微的"咕噜"声时，她长长出了口气。慢慢再喂几勺，伤员的睫毛轻颤了一下，她欢喜得像个孩子，连声说道："缓过来啦，他缓过来啦！"

她猛然想起，柏叶沟战斗已打了几天几夜，伤员一定没吃啥东西，仅仅喂点水不行，赶紧叫申素理到宋洪洪家要来一碗豆汁，一勺一勺喂给伤员。肚里有了食，伤员慢慢醒了过来，眼也缓缓睁开了。戎冠秀问伤员，想吃还是想喝？伤员还是说不了话。她想，伤员好几天没吃饭，光喝点儿汤水不充饥，于是，马上出去找来点儿面，和申素理一起做了碗面片，一口一口喂给伤员。等吃完面片，伤员有了精神，也能说话了，戎冠秀高兴极了，慢慢问道："你是哪个部队的？什么时候负的伤？"伤员回答说他是五团一连八班战士，叫李栓栓，是在柏叶沟战斗中，与敌人拼刺刀受的伤，已经六天六夜水米没沾牙了……

戎冠秀鼻子一酸，眼圈都红了，安慰鼓励伤员说："同志，你是为了咱国家、为穷苦人打日本鬼子负的伤，光荣啊！

到了这儿就是到了家，什么也不要想，安心养伤吧，养好了还要上战场。"

夜深了，窗外刮起了西北风。怕伤员冷，戎冠秀燃起一盆炭火，放在伤员脚下。这时，他突然发现伤员的裤裆湿漉漉的——她责怪自己粗心，马上舀来一盆冷水，放在火盆上温热，动手给伤员擦尿……拾掇干净之后，又换了盆净水温热，把伤员的脸和脖子上的血迹，一点点擦洗干净。全部收拾完毕，她问伤员，还饿不饿，先吃点儿啥？吃块饼子好不好？伤员点点头说："就是想吃块饼子。""好，好，我去给你拿。"她赶紧跑回来，拿了一个饼子，放在火盆上烤热，一块一块掰喂给伤员，并一再嘱咐说："先吃半个，吃太饱了不好受。"

等把伤员安置妥当，鸡已叫过头遍。就这样，戎冠秀像对自己的亲人一样照料伤员，整整又忙了一夜，终于使伤员转危为安。等他睡着了，困乏至极的戎冠秀才歪倒在一边打起盹来。不一会儿，忽听有人喊道："老会长，伤兵下地了！"她一睁眼，申素理来了，伤员李栓栓站在炕沿边上，她急忙上前扶住他说："同志，你可不要下来，你身上有伤，要好好躺着！有事我帮你做。"边说边把他扶上了炕。

天亮了，戎冠秀忘记了疲劳和饥饿，首先想到的是伤员吃饭的问题。她想，这位伤员伤势重，光吃稀的尿尿多，动弹多，对于养伤不利。于是，她做了一盆小米干饭和一碗玉米粥。伤员坚持着要坐起来，她不让，说："可不行！你出血太多，要好好地躺着。"说完，左手托住伤员的头，右手一点点地喂饭。伤员吃完饭，一把抓住她的手，激动地说："大娘，是你救了我的命，你比我的亲娘还亲啊！"

戎冠秀笑道："说什么呢！咱都是一家人。你养好伤，重返前线，多杀鬼子，多打胜仗就是了！"

李栓栓一连吃了三碗饭，吃饱喝足了，体力有了恢复，精神也好了，这时，担架来了，要转送后方医院治疗。戎冠秀抱来一捆软草，在担架上铺了厚厚一层，再铺上被子，又用干草绑了个枕头垫在上头，扶伤员躺上去，用被子盖好。他看见伤员肿着的脚还光着，怕路上冻着，想用棉花包上，可家里的棉花用完了。这时，她猛地看见大女儿荣花站在一边。伸手把闺女拉过来，嘶啦一声，把闺女棉袄的大襟撕开，掏出里面的棉花，三两把就给伤员包好了脚。

伤员感动得淌着热泪，攥住她的胳膊，哽咽道："你和我的亲娘一样啊！我永远也忘不了你的救命之恩！"

戎冠秀说："咱是一家人，这不是我该做的嘛！往后啊，你路过下盘松村，一定要到家里坐坐，有你吃的，也有你喝的……"

民兵们抬起担架走了，她一直目送担架出了村口，消失在山中……李栓栓躺在担架上面不停地喃喃自语："好人啊，和我的亲娘一样亲，我的好老人啊！"

打仗吃紧了，村里自卫队到前方配合作战，村里转运站来了伤员，能就地救护的就留在下盘松村，伤重的戎冠秀就迈着小脚和村里妇女一起抬担架，迅速将伤员送往后方医院。她常常说："咱们伤兵同志，要是早送到医院里'修理修理'，就会好得快，要送得慢点儿，受罪事小，可能就会牺牲，这可要大家负起责任咧！"

戎冠秀说的话，是发自内心的，也是符合战场救治原则的，她对八路军比对自己的家人还好，为了给伤员争取时间，减少伤病员的伤亡，她对自己、对村里妇女们的要求是非常严格的！

反"扫荡"期间，戎冠秀用慈母般的关怀和体贴，所救护过的八路军伤员不仅仅是上面提到的这几位。经她精心照料过的伤员，恢复健康后又奔赴战场，重新杀敌立功。因为下盘松村地处偏远，人们不能及时沟通情况，她抢救八路军伤员的事迹只在当地传讲，不能在较大的范围为人所知。因为她为子弟兵献出了自己全部的爱心，在晋察冀边区第一届群英会之后，随着对她突出事迹的宣传，子弟兵母亲的名字才广为传颂，在以后的日子里，凡是经过下盘松村的子弟兵，如果方便，都要来到她家里看一看，很多战士都要亲切地向她喊上一声"娘"！

参加晋察冀边区群英大会

　　1943 年的秋冬，日本帝国主义妄图摧毁我抗日根据地，扩大占领区，集中兵力对晋察冀边区进行了残酷的秋季大"扫荡"，边区军民在中国共产党的领导下，积极开展了反"扫荡"、反"蚕食"的斗争，经过三个月的奋斗，终于粉碎了敌人的阴谋，打击了日本侵略者的嚣张气焰。为了总结战绩，鼓舞士气，巩固扩大解放区，晋察冀军区党委决定召开边区群英大会。12 月中旬，中共平山县委接到上级指示后，立即进行了安排部署，各区相继召开了"群英大会"，选拔出了参加县群英会的代表，各区把典型材料报到县委以后，县委在审查材料中发现，有关战斗英雄、模范游击队（组）等方面的材料多，缺少军民团结、支援部队作战的典型。因为当时晋察冀军区、二分区、四分区和三个主力团以及八区队等均在平山境内流动作战，他们的衣、食、住、行都离不开当地老百姓，没有人民的支援，反"扫荡"的胜利也不可能取得。这时，出席县群英大会的代表已陆续来到县委驻地东黄泥村。时间很紧，县委立即召开了由各区带队干部参加的会议，让大家推选这方面的典型。孟家庄区带队的同志汇报说，他们区有个妇救会主任曾经救护过八路军伤员，事迹比较突出，在区召开的群英大会上因口音关系未被评选上。根据这种情况，经大伙商量决定，立即派人把那个妇救会主任请到县里来。这个妇救会主任就是戎冠秀。戎冠秀热爱子弟兵的事迹深深地感动了县委，大家都赞叹地说："她是一名真正的共产党员，是平山县妇女的模范。"戎冠秀到县委的时候会议已经升幕。县委连夜起草并刻写油印了她的材料，第二天戎冠秀的发言结束后获得了热烈的掌声，大会一致选举戎冠秀为平山县出席边区群英大会的代表，会后把典型材料报地委审查后，地委宣传部部长胡开明称赞戎冠秀是个事迹非常突出的拥军模范。

1944年2月初，戎冠秀出席了晋察冀边区召开的群英大会，群英大会的头两天是小组会，和戎冠秀一个组的李勇、李殿冰、韩凤龄等，在边区早就是知名人物，他们走到哪儿都有一群人围着。他们战斗经历丰富、生动，战士们和与会者听了都感到振奋人心。开了两天会，这些英模的发言占得多，包括戎冠秀在内的少数几个一直还没轮上。第二天晚饭后，主持小组会的康濯动员戎冠秀发言，戎冠秀说："我不够模范，没甚讲的。"康濯说："不要过分谦虚！选你来开这个会，是大家伙的心意，也是组织交给的任务。"戎冠秀一听是"组织任务"，立刻显得严肃起来，眼睛也马上更亮了。因为那时候"组织"就是党的代号，而党在每个革命者心中都是极其庄严的。她虽然还表示自己当模范不够，但随即就同康濯商量起发言内容来了。康濯说她主要是讲拥军的事，信口一提就多得很，而且每一件具体事都可以讲好久。

第二天的上午，到会议的后半场，戎冠秀才开口。

戎冠秀发言时仍然首先声明自己当模范不够，接着说到她当军属代耕团团长，参加并组织大家为军属服务的事迹，再讲到村里来了部队多是她出面安排接待，特别是来了伤病员不论先到谁家都会有人告诉她，她家里再困难也要准备一点儿小米、挂面、鸡蛋和香油，给伤病员吃。

一次担架送来一位重伤员到了她家里，她立即把伤员安排到炕上，有个跟来的护士，要给伤员洗伤口、上药和包扎，伤员可怎么也躺不安稳，直到戎冠秀把伤员的脑袋枕到自己的大腿上，两手半抱着伤员，那位伤员才感觉比较舒适，安稳地喘着粗气，接受治疗。这时戎冠秀就小声说着话安慰伤员，又不断给伤员擦汗，并让女儿给冲好半杯的蜂蜜水凉着。伤口包扎好后就一口一口给喂水——那时，我们根据地白糖、红糖、冰糖什么糖都没有！不过蜜水也甜哪！老会长喂水，直喂到伤员睡着了，才轻轻慢慢地爬下炕来，再准备鸡蛋、挂面，等伤员醒了又一口一口地喂……

戎冠秀的发言平平稳稳，无风无浪，一边讲，一边模仿侍候伤员的动作，神色似乎也进入了当时的情景中。她还讲到伤员身子挺沉的，她也累了，可是不觉着。头发散乱地遮了眼睛，她也不觉着，是闺女给她梳理了。脑袋上一头汗，也是闺女给擦。身上热的那个燥劲儿，可又觉有股小凉风，嗨，是李有给她扇扇子。她讲道，每当护士给伤员洗伤、上药、包扎时，她就在旁边认真、仔细、使劲看着，她在心里想：以后有了伤员万一又没有医生护士，自己心里也有个谱谱！……如今抗日是天下头等大事，妇女上不了火线，还能连个伤员也不会侍候吗？……

戎冠秀讲得不紧不慢，绘声绘色，使整个分组会场格外安静，所有的人几乎都屏气敛息，抽烟的早已不抽了，他们都聚精会神地听着，如身临其境。戎冠秀生动的发言讲了一个多小时，讲完了，会场上仍悄声没息，好像没听够似的，大约过了半袋烟的工夫，听的人才喘过一口大气，并开始有几个人在鼓掌。接着猛地一下子全体开始鼓掌，越鼓越热烈，同时也有人高挺着大拇指，一边喊着：

"好！"

"了不起！"

"这才是真正拥军模范！"

李殿冰、李勇、韩凤龄这些大英模更挤上去围住戎冠秀，轮流伸出两个巴掌拍着戎冠秀的肩膀和胳膊，跳跳蹦蹦地喊着：

"你这是拥军大模范！"

"是特级大英雄！"

"是真正的压轴子戏！我们可算服啦！"

无论说什么，都是发自肺腑，此刻，他们深深体会到什么是军民鱼水情。

会场上一片欢声笑语，可是欢笑的人中差不多每一个都眼里含着泪花。战士受伤后，他们很多时候都是在百姓的照顾下逐渐恢复健康，伤愈后，又生龙活虎，继续作战，上前线杀敌。有的即使自己没有受过伤，也看到、听到过周围战友的故事，所以他们对于戎冠秀所讲述的一切，从另一个角度深深理解到，当他们和战友受伤时，原来是这样的亲人，以这样的心情在守护自己，她多么值得尊重啊，她就是自己最亲的亲人。看到战士们的表现，戎冠秀可以说是喜出望外，她仍然被自己讲述的故事中的伤员感动着，泪水一直在眼眶中打转，看着热情似火的战士们，看着这一群远离父母、英勇作战的孩子们，戎冠秀更是喜泪涟涟，一边不停地说："我不够，我不够！"一边摘下包头巾擦了擦眼。

会场的热烈气氛被戎冠秀点燃，她的讲话抵达了战士们的心窝。

上午散会的时候，康濯心里急得火烧火燎的，因为戎冠秀精彩发言时边区和军区一个主要负责人都没有，他想，下午一定要请军区和边区主要负责同志来听听。

下午，军区政治部副主任兼组织部部长李志民等首长参加了会，劳模们在首长面前都不愿随便开口，李勇要戎冠秀先讲，他说："你可是真模范，上午才开了个头，快接着讲吧！"

戎冠秀紧着直摆手说："我可不够模范，也讲完了，没了没了。"她显得更加腼腆和羞臊。胡顺义、韩凤龄他们就向首长们学说着戎冠秀上午讲到的事迹,说她确实了不起,她的事迹保准还丰富得很。

这时李志民站起来了,走到戎冠秀面前,俯身拍着她的肩膀说:

"大娘,请你再讲讲吧!你看,我们忙得没早些来听你发言,失掉了学习的机会,很对不起哩,你就再给我们补补课吧!"

戎冠秀赶紧摘下头巾擦眼泪,同时嘴有点儿哆嗦地说:"首长!快,快坐下,我叫担待不起你说的话,我就把讲过的,再啰唆几句吧!"

一阵热烈的掌声过后,会场上安静得出奇,有的掏出随身携带的笔和纸准备记录,有的带着憧憬的心情,静静地望着戎冠秀。

于是,她又细水轻流地再讲了一遍。李志民和边区首长激动得眼睛湿润了⋯⋯

戎冠秀喝了两口水,接着说:"那是1941年鬼子'扫荡'的事,那一回鬼子到了我们沟口上,八路军和民兵打得他没敢进沟,我侍候、照顾的几个伤员都是在家里炕头上。后来大'扫荡',那可厉害多了,鬼子进了我们山沟沟,村里待不住,一个重伤员刚刚送到我家门口,担架也刚走,就有了情况,鬼子离我们村不远了。李有他们赶快组织全村转移。我把需用的东西包了两个包袱,交给了闺女,就让她把伤员抱到我肩背上，又得快走，又怕磕碰着伤员，路又坎坎坷坷的，歇息吧也不敢多歇，直到进了一个山洞，才叫闺女拿下个褥子，放下伤员，喘了两口气……"

戎冠秀接着讲述，可伤员躺下直哼哼呢！比刚才背在背上哼叫得还厉害！她蹲下一看，嗨，发现伤员的伤是在后背和后大腿，这怎能仰面朝天躺着？可趴着吧，褥子薄，地下坑坑洼洼的，伤员趴着也会很不舒服。怎么办？戎冠秀需要休息，伤员也需要休息。

戎冠秀忽然想到了一个办法，既不让伤员躺着，也不让伤员趴在褥子上，她自己坐在褥子上伸直两腿，让伤员上半身趴在她腿上，这样伤员才不哼哼了，光喘粗气，戎冠秀就像哄孩子一样地安慰他，一边安慰一边在女儿的辅助下，把她夏天穿的一件白布坎肩煮上，消了毒，再剪开用草药给伤员洗伤。当时没护士，没医生，只得自己干。跟着，李有和乡亲们都来了，说是外面把好了岗，这里要什么就讲。戎冠秀说，要草药洗伤、敷伤，还得熬了给伤员喝。李有说，已安排了。后来就洗、敷、包扎，喂蜜水、喂鸡蛋面、喂药。伤员的气息平稳些了，不久还睡着了。几天以后，又把伤员往更远的山沟里转移了一次。并大老远找来了部队的医生、护士，几次治疗和换药。直到伤员完全康复，重上前线，戎冠秀都始终侍候到底，从没离开。而且在上一年的反"扫荡"中，戎冠秀在送走了这个重伤员后，又同样侍候了另一个重伤号，以及另外两个轻伤号……

戎冠秀讲完后，会场上响起热烈的掌声。是李志民和边区另两位首长带头鼓掌的。

李志民最后宣布："明天起，是两天大会发言，李勇、李殿冰、胡顺义、韩凤龄这些大家知道的模范还要讲，戎冠秀更要讲，大家对她都还不大了解，明天就先讲。"

那时聂荣臻司令不在，刚刚去延安准备党的七大去了。由原冀中区司令员程子华代理晋察冀军区的工作。第二天上午大会时他坐在主席台上，在念到戎冠秀发言的时候，他立即站起来鼓掌欢迎。戎冠秀上台向毛主席像和红旗鞠躬，向台上首长鞠躬，又转身向台下一鞠躬，这才坐到扩音机面前。

戎冠秀两眼飞快地向整个会场扫了一下，静默了一阵，才眼带泪花地发言道：

"我做得很不够。如今抗日第一，八路军最亲，我只是凭自己不强的一点儿劳力给军属代耕，帮补着解决点儿困难。部队来了也跑腿安排点儿吃住，伤员来了，年轻人侍弄、招呼的不细致，我就把这件事揽了下来……"

接着她讲了讲昨天上午分组会上讲的，侍弄那个伤员的具体过程，又讲了昨天上午所说背那个重伤员进山洞治伤的事。她说话如长流细水，边说边模仿，而且绝不夸张过分，平实得就跟日常烧水、做饭、洗菜切菜一般。戎冠秀说："山洞里那个战士伤好以后离开时，一切收拾停当，穿戴好了，临走的工夫才迈了两步，猛又回头朝我扑腾跪下去，抱住我的两条腿哇哇哭起来道：'大娘，戎妈妈！你……你是怎么个才把我这，我这个大个子背上山洞的哇！你为我熬……脱了几层皮，瘦……瘦掉了几斤肉哇！你把我的伤治好，把我的心也染得更红了一点儿哪！这回我再上前方，一定要再多再多地杀敌人，打鬼子！保证对得起乡亲们，对得起你呀，我的亲娘、母亲，我的妈妈呀你……'"

戎冠秀早已在主席台桌边站起来了，也早已泪糊了一脸，她说："所有我们村侍候过的伤员临走，都要冲我扑腾跪下，喊我亲妈。我们共产党、八路军不兴封建跪拜的呀！可战士们非要这样，我实在忍不住也当头对面跪下去，抱住他们就哭！……他们都是有大功的哪！我算个甚哩！今天还跟这么多首长一起，坐在台上！……"

这时，主席台上几位首长早已站起来了，程子华已走到台口上，侧过身对着拿头巾直擦眼泪的戎冠秀说："戎妈妈！你同样立了大功！我们的战士完全应该尊重你，把你当亲妈一样跪拜！"程子华满脸严肃，一身笔挺地举手向戎冠秀行了军礼，声音洪亮地说：

"我代表军区聂司令员，代表晋察冀军区全体指战员，向子弟兵的妈妈戎冠秀同志致敬！"

全场热烈鼓掌，掌声雷动，所有英雄模范和干部战士都是一张笑脸，一眶热泪，激动得直往上一蹦一跳的。

这次英模大会后，边区抗联还把胡顺义、戎冠秀这批英模请到机关驻地，座谈了两天组织、发展生产的事。

群英大会之后，戎冠秀被更多的作家、画家、诗人关注，他们把戎冠秀的事迹调查、搜集得更加丰富、感人，"子弟兵的母亲——戎冠秀"的荣誉称号更加响亮，戎冠秀的事迹也影响了更多的人。

载誉归来，受到乡亲们的热烈欢迎

1944年2月，农历还在正月。这年的立春日是2月5日，2月8日是元宵节。正月的平山，阴冷的西北风还在逞着威风，但明显劲头已经不足了。

2月中旬的一天，对于平山县观音堂下盘松村的村民来说，这是个令人激动的日子，虽然看起来和平常的日子没有什么区别，但对他们来说这注定是不寻常的一天，他们要欢迎村中的一个受人爱戴的人——载誉归来的戎冠秀。

戎冠秀是出席2月10日至2月14日在阜平柏崖村召开的边区首届群英大会的代表。会上，中共中央晋察冀分局、晋察冀军区、晋察冀边区行政委员会、晋察冀边区各界抗日救国联合会决定，授予戎冠秀同志"北岳区拥军模范——子弟兵的母亲"光荣称号，并举行隆重的授奖仪式。

这是在日本鬼子入侵中国的第十三个年头，卢沟桥事变爆发后的第七个年头，中国人民在和日寇进行着顽强的斗争。在艰苦卓绝的斗争中，解放区召开的一次英雄表彰大会，大会表彰了战斗英雄、模范游击队员，而戎冠秀作为军民团结、支援部队作战的典型受到表彰，群众赞叹："她是一名真正的共产党员，是平山县妇女的模范。"

这天早上，下盘松村的群众，一个小时前甚至更早就开始行动，他们一大早就扶老携幼聚集在村边的打麦场等候了，那里是村子里最平整的地方，他们穿着过年的新衣服，完全装扮一新，这是他们的节日盛装。他们怀着激动的心情，完全不怕寒冷的早晨有些刺骨的凉风，因为他们的心里都充满兴奋，他们要用饱满的激情欢迎去参加晋察冀边区首届群英大会的代表、连任六年妇救会主任的戎冠秀。村民聚集的地方总是热闹的，男男女女兴高采烈地聚在一起，本身就有说不尽的话题，唠不尽的家常，问候声、寒暄声和孩子们的打闹声，偶尔传来几声大人斥责小儿的声音，混合着鸡鸣声、狗叫声不绝于耳，这是个充满活力的早晨。连平日轻易不出门、不参加大会的老头子和老婆子也都来了，大家说："这是咱村的体面事，说什么也得来欢迎老会长哩！"村里布置了锣鼓队，还派出了童子军到离村几里外的山路上瞭望，让他们一见到戎冠秀，就赶紧回村报告。

离村子还有一里开外，戎冠秀一行人就听到了村里传来的锣鼓声，原来戎冠秀参加完群英大会，除了被奖励了锦旗一面、大红骡子一匹之外，大会闭幕后，军区副政委刘澜涛和政治部代主任朱良才两位同志，亲自搀扶戎冠秀跨上大红骡子，并派一个班的战士，护送她回到平山县，这是前所未有的敬重。

喜讯通过电话传到平山县委。县委立即通知各区沿途村庄组织群众夹道欢迎。当戎冠秀骑着大红骡子进入平山县境两界峰时，她看到了欢迎她的队伍，每个村男女老少几乎全部出动。妇女们扭着秧歌，儿童团打着霸王鞭，民兵自卫队扛着步枪、红缨枪，列成整齐的队形，敲锣打鼓，迎接戎冠秀光荣归来。戎冠秀回家将要经过的村庄：会口、寨北、苏家庄、李家庄、郭苏镇等几十个村庄的老百姓和驻军都站在大路旁，高呼口号，敲着锣鼓欢迎，军民用这样一种方式欢迎载誉归来的戎冠秀，这是对她所做的事情表达最崇高的敬意。

四分区党政军民领导机关在专署驻地北庄村召开了欢迎大会。分区开过欢迎大会后，紧接着平山县委在东黄泥也召开了欢迎大会，然后由县和孟家庄区派代表与军区来的那班战士，一起把戎冠秀护送回到了下盘松村。

乡亲们挤满了场院，戎冠秀一走进村里，就被乡亲们围上了，护送她回来的队伍自动拉开距离，看着戎冠秀接受乡亲们的热情问候。乡亲们拍着巴掌，喊着口号，上前替她牵住骡子，送上热水，又问长问短，恨不得让她把到边区开大会的事一口气说完，说不尽的亲热！戎冠秀也被这热情感染着，她早早就跳下骡背，快步走上前来，紧握乡亲们的双手，和乡亲们打着招呼。儿媳郝爱妮和大女儿荣花上前紧紧拉住母亲的手，仅仅离别几日，日子却是那么漫长，戎冠秀有好多话要和家人说，家人也早已期盼她的归来了。爱人李有从别人手里接过骡子的缰绳，上上下下打量着，拍拍骡子的脊背，张口笑了。几名群众抢先把那面红色的锦旗抖开了，大家伸头探脑，仔细瞧上面的像，上面的字……戎冠秀十分兴奋地为大伙儿讲述着开会的情景，场院里不断发出一片赞叹和热烈的掌声。

军区授予戎冠秀的那面锦旗，旗上中间剪贴着六个大字"子弟兵的母亲"，上面剪贴着戎冠秀的侧身头像，和她真人非常相似；下面并排剪贴着"军区司令员兼政治委员聂荣臻、副司令员萧克，副政治委员程子华、刘澜涛，政治部代主任朱良才率子弟兵全体指战员"，日期是"1944 年 2 月13 日"。

回到村里的戎冠秀，没有辜负乡亲们的期待。

戎冠秀回到家里的时候，她的那间在村北高坡上的孤房里，整天就拥挤着村里的农民，拥挤着许多文学工作者、美术工作者、音乐工作者和戏剧工作者。那间孤房就是戎冠秀在二十年前从沙坪坝搬来后的老家。那面光荣的"子弟兵的母亲"的锦旗，飘扬在房檐下，旗的前面挤满了人，他们都带着尊敬的心情来看望这位拥军的模范。

戎冠秀把参加大会的事情一五一十地给大家学说了一遍，紧接着她开干部会和家庭会，把在外地的二儿子也叫了回来，讨论了她的生产计划。戎冠秀在随后写给边区首长的信中说："全村干部都愿意帮助我把计划完成。"她表示：

"我今后一定把拥军工作做得更好，我也跟站长说了，有了伤兵一定先通知我，让我去给他烧炕烧水，万不能叫同志们饿着冻着。关于生产方面，我更要努力，只能超计划不能叫完不成。我一定要对得起我的首长们，希望你们不断地指导和检查我的工作。"

从晋察冀边区群英会上回到家时，戎冠秀用上级奖给她的钱，自己又贴了四十元钱，买了一匹白布，当大女儿荣花看到母亲买的那匹白布时，抱着布匹在屋里高兴地转圈圈，边转边说："娘，这回你可该做件新衣裳了，看你那棉袄破的！"随同戎冠秀一同回到下盘松村的，在抗敌剧社工作的胡朋、胡可，也好想让她做件新衣穿！可是到了晚上，戎冠秀组织全家人开了个家庭民主生活会，在会上，荣花又抱起了那匹布。戎冠秀看了看荣花说："这匹布我早就想好了，咱村里家家户户，每家给他们一对鞋面布，拥军优属是大伙儿的事，也不是我一个人干的。"接着又谈到其他物品的处理意见，她说："三把铁锨、一把镢头安上把，写上我的名儿，做个纪念，村里人谁使谁拿去，那匹骡子咱们喂养，先紧着给抗日军属用，抗属不用时，村里没有牲口的户谁使谁牵去。"她转身问家里人，"你们同意不？"戎冠秀的丈夫李有当时是农会主任，大儿子李聚金又当选抗联主任，三儿子李兰金是青救会主任。全家人都表示同意。那匹白布分到最后不够了，戎冠秀就又买了块白布，让村里每户都够一双鞋面布。村里人见戎冠秀这样做，就都说："老会长把心都掏给咱了，以后就跟着老会长好好干吧！"

边区英雄大会以后，四分区党、政、军、民领导机关联合决定，号召全体军民开展向戎冠秀学习的运动。边区文艺工作者纷纷到戎冠秀的家乡进行访问和体验生活。胡可同志创作了大型话剧《戎冠秀》；四分区火线剧社编演了歌剧《戎冠秀》；玛金同志写了歌剧《戎冠秀》；诗人田间创作了歌颂戎冠秀的长诗。1944年5月，晋察冀军区政治部进行了汇演，军区抗敌剧社和四分区火线剧社演出了话剧和歌剧《戎冠秀》。10月份二分区七月剧社与边区群众剧社到下盘松村演出了《子弟兵的母亲》，戎冠秀同志观看了演出并上台讲了话。此外，还有许多记者进行了采访报道，戎冠秀同志成了全边区军民皆知的拥军模范。

群英大会后，戎冠秀的模范事迹迅速传遍了晋察冀抗日根据地和全国各个抗日根据地。由沙飞、石少华、汪洋、周郁文等人拍摄的晋察冀军区政治部主任朱良才向"子弟兵的母亲"戎冠秀赠送光荣旗与骡子，敬酒、敬礼、握手、牵骡子和戎冠秀为伤员喂水的照片，也广泛流传。这些照片，既印证着抗日战争期间中国共产党、八路军与人民群众的鱼水之情，也继续教育和激励着一代又一代的后来人。

戎冠秀拥军的模范事迹，很快传遍晋察冀边区，全区迅速掀起向戎冠秀学习、热爱子弟兵的热潮，并涌现出一批新的拥军模范。

在波澜壮阔的革命战争年代，中华大地涌现出了一大批优秀支前模范——戎冠秀、董力生、王换于、沂蒙六姐妹……正是这些淳朴、善良的劳动人民，用一双双军鞋诠释出"军爱民、民拥军"的鱼水深情，用一辆辆独轮车推出了中国革命的胜利！

更上层楼，出色完成生产计划

下盘松村是二、四分区的交通要道，子弟兵走过这里，只要时间允许，都要到"母亲"家里去看看，戎冠秀像对亲人一样留路过的子弟兵喝水、吃饭、住宿。春天她病着的时候，还一手拄棍子一手扶着荣花去看躺在担架上的病号，交通站离她家只一百多步，她歇了四次才走到，她把自己娘送给的麻糖（油条的一种）、凉粉给病号吃，又给熬小米稀粥。一次，一分区来了一个病号，戎冠秀赶紧上前了解这个受伤战士的伤情，并问他："饿不饿，想要吃点儿什么？"

这个伤员说："想吃青菜挂面。"

青菜挂面，在现在的生活中，是再寻常不过的食物了，但在那个困难的时期，却并不容易弄到。戎冠秀家里的挂面刚刚给战士们吃完了，她就到村里的老乡家看谁家有挂面，费了好大劲，才买了半斤挂面。于是戎冠秀又到乡亲家要了棵青菜，给这个战士做了顿青菜挂面。

交公粮时，戎冠秀提出"三糟米运动"，保证公粮里没砂、没糠、没烂米,她家交的公粮最好,而且应交小米六十斤,她却交了九十斤。还动员了一个富裕户多交了六十斤细粮,那几天她不停地在下盘松村和湾子里来回跑着,检查各户推的公粮。

她积极响应边区的号召,为支援前线开展大生产,组织拔工队、包工组,带领全村开荒种地,多打粮食。这是把村民团结起来的良好模式,八路军到边区之前,边区农民就有在农忙的时候互相帮工的习惯,俗称拔工队或包工组。比如张三家缺少劳动力、李四家有劳动力但是缺少劳动工具,张三借给李四工具,李四帮张三干活,彼此不收任何费用。民间自发形成的这些劳助形式,在帮助缺少劳力的家庭生产、生活方面发挥了巨大作用,同时也是互帮互助、融洽关系的良好办法,戎冠秀十分了解这种办法,但是她的目光更多地转向于军属、抗属、烈属。

戎冠秀经常带妇女给抗属拾粪、推碾、抬水、做针线、锄苗、摘花椒……地里的活都是先给抗属家干完。每个季节前,她都要动员全体会员和童子军帮助抗属。她的家人更是积极参加,有次李有脚上长疮,别人不让他去干活,他不听,仍然拐着脚去了。

戎冠秀参加边区英雄大会回来后,给边区各首长写信,报告近况,既说明了自己的情况,也表明自己的决心:

我回村来以后,就把那开大会的事一五一十给他们大家学说了一遍，全村开会欢迎我，又开干部会和家庭会把我二小子也叫了回来，讨论了我的生产计划，全村干部都愿帮助我把计划完成。前天收到了你们给我打（寄的意思）的照相，昨天又有人把报上登的我的事念给我听。你们赠给我的"子弟兵的母亲"的称号，我实在不敢当哩，我今后一定把拥军工作做得更好，我也跟站长说了，有了伤兵一定先通知我。关于生产方面，我更要努力，只能超计划不能叫完不成。我一定要对得起我的首长们，希望你们不断地指导和检查我的工作。

落款是"平山四区下盘松村　戎冠秀上"，时间是2月27日，距离她去参加群英大会还不到半月的时间。

第二天，她又给杨主任和妇女部长写了封信。

杨主任、妇女部长：

我回来的一路上得到各村的欢迎，白岔、南寺、团泊口、六亩园、盘松村都召集了大会欢迎我，我做得实在不够，在每一个会上我也都讲了话。

我把上级赠给我的三把铁锹、一把镢头都安了新把，写了我的名字，放在村里使用，我把政府奖给我的钱，自己又贴上四十元买了一匹布，分给穷苦的乡亲们每家一对鞋面，骡子是大家使用，你们说我这样处理对吗？

我不懂什么，希望往后你们要多指示我，检查我的工作，我一定很好地工作来回答你们对我的鼓励！

致以

敬礼！

戎冠秀上

2 月 28 日

这两封信刊登在 1944 年 3 月 10 日的《晋察冀日报》上。

戎冠秀还请别人代笔给在延安的毛主席写了信，信中除了表示自己听毛主席"组织起来"的话搞好生产外，还说："我是一个共产党员，我知道共产党员是为人民大众谋利益的，这是我们的一个责任，我们一刻也不能忘记。"

戎冠秀的家庭开了会，制订了生产计划，接下来就是全家人和她都实实在在落实计划。三个儿子和老伴开荒、种田、放羊等。大媳妇也上地里干活，荣花做饭、推碾、喂猪、捻线，十四岁的喜花每天上学回来帮助荣花做饭，清洁卫生由她一人负责，星期日或下地或拾粪。戎冠秀自己拾粪，耕地时拉牛、耙石头，下种时点籽，在家就剥麻、纺线。她对全家人说："我今年的生产要做得更好，和往年平均就对不起首长们了。"她还做出保证把全村妇女推动起来。大儿子是沙坪的抗联主任（他家在沙坪有四亩多平地，大儿子两口住在那儿），他做出保证要把沙坪的拔工队组织起来。李有是下盘松村的抗联主任，也做出保证把这村的男人拔工队组织好，而他们的工作在春耕结束时都做到了。

就这样，每到不同的生产季节，便开一次家庭会议，每次会上，都是由大家出主意来讨论眼下的生产，决定以后，便分工，能干什么干什么，全家人谁也不闲着。会上还经常检讨和互相批评。有一次，喜花就批评了父亲李有，并且向李有发起了挑战，在劳动上两人比赛。戎冠秀一家一年共开家庭会议十二次，在每个生产季节中他们都能按期完成自己的计划。

戎冠秀自小参加劳动，家里地里的营生，样样能干。每天都是天不亮就起来了，常常她拾了一遭粪或一趟柴回来，人们才起来。据不完全统计，一年内她不占整工拾粪三十担，打柴四千六百斤。春耕时，九亩玉米两天就种上了，有一次刨坡，忽然下雨了，戎冠秀把上衣和鞋袜脱下，放在大石头后面，一直刨到天黑才穿上回去。由于把全部精力投入到生产上，他们家在年终时都超额完成了计划，并且全家开荒二十亩半，成为全村学习的榜样。

有次，喜花生病了，还坚持下地干活；大儿媳坐月子，戎冠秀帮她完成了割蒿计划，全家原计划割三千斤，实际共割蒿子一万七千四百一十斤，大大超额完成了这项任务。其他所有的活儿，他们都超额完成。秋后，戎冠秀等被评选为劳动英雄。

戎冠秀运动

　　村里成立了垦荒团，戎冠秀任团长。平山县是山区，人均耕地少，粮食产量低，要想增加粮食产量，最直接的办法就是增加土地的数量，也就是开垦荒地。垦荒是一项艰苦的工作，农村的青壮劳力干起来都很吃力，但青壮年劳动力都要参加日常的农业生产，在这种情况下戎冠秀组织妇女们开垦荒地。妇女们也积极响应号召，踊跃参加劳动。

　　垦荒团的成立，破天荒地打破了山区妇女不参加田间劳动的习惯。开垦出来的地怎样使用，也是戎冠秀考虑的重要问题，经过思考，她决定种棉花，但是村里从来没种过棉花，不会种。这不是难题，难不倒她，不是有会种的人吗？只要有人会种，就向人家去请教，戎冠秀千方百计打听到种棉能手在哪个县、哪个乡、哪个村，然后她跑几十里山路向种棉能手请教种棉方法。戎冠秀抱着试试看的态度，选了一块日照好、阳光充足的阳坡地，开出一块田，在这块田地里，她精耕细作。播种，发芽了，戎冠秀每天都跑去看棉花苗有啥变化，随着时间的推移，棉花开花了，她高兴；开始结下棉铃了，她认真观察，十分开心。功夫不负有心人，秋收时节，棉花丰收了，满地的棉桃绽开了嘴，白花花一片，她心里别提多高兴了。有了成功的经验，明年就可以大面积推广，就可以生产更多的棉花。

有了棉花，她又有了新目标——纺线织布。她利用到县里开会的机会跟房东学会了纺织技术，从县里购买了一台纺车，这也是下盘松村的第一台纺车。没多久，她把连纺车都没见过的大姑娘小媳妇培训成一批纺织能手。戎冠秀她们村用自己的棉花自己的布做了第一批军衣，很快送往部队，穿到了人民子弟兵身上。

戎冠秀在平山县召开的大生产运动动员大会上，她把自己的生产计划书以及向全县妇女的生产挑战书用大字写着在高处挂起来！她说："咱们一定要听毛主席的话，'组织起来'，为了让咱军队有粮食吃，咱们全县妇女都组织起来，搞一个生产大竞赛，我超过你们，你们再超过我，那才好咧！"她的行为，不仅带动了下盘松村里人，还让全平山县、灵寿县、行唐县等所有四分区管辖的地方，都掀起了轰轰烈烈的、向戎冠秀学习的大生产运动高潮。为了开展大生产运动，创造无数像戎冠秀一样的模范，当时的中共晋察冀四分区地委除与五专区专属、抗联及四分区司令部、政治部联合决定普遍热烈开展戎冠秀运动外，另有《关于开展戎冠秀运动的决定》的文件也发下，号召全体党员、全体人民向戎冠秀同志学习，不光学习她的拥军事迹，还有她的劳动热忱，她的工作、生产方法、成功经验等，当时学习戎冠秀的运动的文件中有一句是："在大生产运动中，戎冠秀同志的方向也成为招呼我们前进的旗帜。"

在戎冠秀先进事迹的感召下，在四分区首长的引导下，平山县、灵寿县、行唐县等许多四分区管辖的地方均出现了学习"戎冠秀小组"，涌现出许多英雄模范人物。边区军民从英雄模范的光辉事迹中，受到了深刻的教育和极大的鼓舞。在四分区，戎冠秀运动一经开展，就产生了巨大的物质力量，把各地的军民团结和对敌斗争、大生产运动又推向一个新的高潮，进而影响到整个边区。

在晋察冀边区召开的第二届群英大会上，戎冠秀又获得晋察冀边区"劳动英雄"的光荣称号。戎冠秀作为第二届群英会主席团成员在大会上的发言，不仅感动了与会的全体代表，还感动了从延安来到晋察冀边区参观的美军观察组成员，为此，美军观察组杜木克少校还主动与戎冠秀合影。戎冠秀没有辜负党和毛主席对她的培养和教育，在不到一年的时间里，就连续获得晋察冀边区两个光荣称号，这在晋察冀边区也是少有的。

1944 年末，戎冠秀同志被评为平山劳动英雄，出席边区二届群英会，1945 年五专区提出开展戎冠秀运动，号召大家向她学习，各地妇女组织起戎冠秀小组，发动工作、学习的竞赛。

戎冠秀虽然两度被选为英雄，受到边区广大军民热烈的拥护，但她从不因此而骄傲自满。她常向人说："没有共产党，就没有我这个英雄，没有上级的培养，没有村干部和乡亲们的帮助，也没有我这个英雄；没有军队在前方作战，更没有我们后方的太平。我这个英雄的称号，不仅是我个人的光荣，而是全下盘松村的光荣……"

热 心 冬 学

"冬学"是抗日战争时期的一种群众教育机构。由于农民的空余时间主要在冬季，各个抗日根据地都开展了大规模的冬学运动，有力地推动了群众识字和文化、政治学习。有些冬学保留下来成为常年民校。

在抗日战争年代，共产党人所到之处，开展"冬学"，既增加了贫苦劳动人民的文化知识，也改变了他们的精神面貌。

旧社会由于生活贫苦，戎冠秀没有机会到学校学习。共产党来到下盘松村，这时候的戎冠秀已经接近五十岁了，是不小的年纪，但她积极参与冬学。

区里布置了冬学工作，戎冠秀开会回来，就和干部进行了讨论，然后召开群众大会，自由组合了学习小组，经费由大家自备，大家选出冬学委员会，下盘松村掀起了学习热潮，戎冠秀被选为冬学的校长，冬学的名字也叫"戎冠秀冬学"。

戎冠秀除了集体学习外，自己还想了几个学习方法：黑板学习法，她做了个小黑板，把学习的字写在上面，随身带着，做饭的时候就放在灶火的边上，一边烧火一边学习；推碾时，把石板放在簸箕旁边，一边罗面一边认字。

白天，妇女们三三两两在一起做针线，戎冠秀笑呵呵地来了，她把鞋底往膝上一搁，从口袋里掏出个纸条来，上面写着"做鞋"两个字，那是戎冠秀发明的记事学习法，这两个字其实她已经学会了，但她故意和人讨论，接着其余几个人就会掏出同样的纸条来，不同营生，不同的字，互相问问、写写。这就是戎冠秀的纸条学习法，很快人们都开始学习她的办法。

戎冠秀还给自己定了一条规矩，吃饭前后、开会前后，都拿出黑板或纸条念，无论多忙，每天也得学一个字。

戎冠秀参加的那个学习小组，一共五个人，后来扩大到八个人，自己规定了学习公约，以后这个公约就变成那里每个组的了。全村二十名妇女组织了四个组，男的二十三名，组织了五个组，青年自学组十三人，不少人做了自己的学习计划，准备了小黑板。戎冠秀这个小组学习最好，每组都派人上她组学习一个星期，再回去领导本组，他们形象地把这个人叫作"留学生"。

他们还经常进行测验，有次测验，刚学习了十二天，有个妇女认识生字四十四个，还有一个更多的，认识了四十九个，一般人都认二十个以上，戎冠秀虽然年纪大了，也认识了十六个。很快她认识的字就超过了一百个。

每到晚上，戎冠秀督促打上学锣，锣声在嬉笑的人群中响了，各归各组，街上立刻寂静。

　　学习小组按喜爱学什么、年龄、文化水准等自由组合，小先生也自由聘请，一般小先生都与家庭结合，儿子教母亲，侄子教叔叔等。

　　全村有刚生孩子的妇女，反正不能出门，干脆白天黑夜都学，那就是一个人一组，都有小先生。

　　最有趣的是"老头儿组"，戎冠秀计划以李有为骨干，都是五十岁以上年纪，挤满一炕抽着旱烟，学习珠算，讨论政治。戎冠秀督促着别人学习，自己大段的学习时间不多，她只有放学后叫闺女喜花在家给她补习，炕头锅头都用粉笔写得满满的。她还跟李有比赛，有一天李有要去开会，戎冠秀说："别走，写上'开会'两个字再走。"随手递给他粉笔。李有说："我只会认，还不会写，但是我学会了珠算，等回来咱们比一比。"

　　下盘松村的学习，是与戎冠秀不能分的，她苦口婆心动员上学，她对人说："你没有东西我可分给你，字是没法分的，只靠自己学，我们可不敢落后，叫儿童变成双眼瞎那可不好了。"她到处讲着某某村一个不识字的人，在外面吃了一个麻糖（油条），给了人家五十块钱……借此劝勉大家，说明识字的重要。

　　开学以后灯油不够，戎冠秀号召克服困难，勤工助学，男人打柴、刨大黄（一种中药材，可以卖钱），妇女做棉鞋、砸核桃，两个月每人平均挣了一百多块，足够用来购买灯油了。

戎冠秀每天到各小组检查，看见屋子里在学习，就悄悄地走了，如果没有学习，才进去问问为什么不学习，是不是有什么意见。

为了动员学生，她自己掏了一百六十块钱，买了两刀麻纸，交给村长，分给参加冬学的人。

下盘松村除五十岁以上的老婆婆之外，只有两个中年妇女没上学，戎冠秀很不安，常常和村长讨论动员这两个人上学的办法。

抗战中的其他事迹

抗战时期，下盘松村只是个四五十户人家的小村子，却驻扎着八路军的供给部和八路军的被服厂，也就是说，八路军的吃、穿、用，都是和这个村有关联的，下盘松村还是晋察冀二分区和四分区的主要交通要道，所以，村里的接待任务也很重。最重要的是，下盘松村还是八路军伤病员转运站，前方有伤员下来了，都要先送到下盘松村。正是由于八路军伤病员转运站在下盘松村驻扎，下盘松村的妇救会会长戎冠秀救死扶伤无数次，当时的医疗条件非常简陋，只要能救活八路军的伤员，拿出一切她都舍得。

另一方面，戎冠秀本人的生活却是非常节俭和艰苦。战争年代因为生活艰苦，人们的穿戴都很破旧，戎冠秀也是一样的，1944 年 2 月，戎冠秀穿着破旧的棉衣，参加了晋察冀边区召开的第一届群英会，在与人交谈过程中，她发现自己的棉衣袖口破了，袖口的棉花老往外飞，她会时不时地有意无意地用手往回捅她袖口处露出来的棉花，抗敌剧社的文艺工作者胡朋看见了，就把自己一件白色大襟衣服的内襟剪下来，给她缝补好，虽然颜色不一样，可是，两个人谁也没觉得不自然。

巧的是，在第一届群英大会上，戎冠秀做完大会发言后，在场的一位八路军战士激动地找到了她说："大娘，您还记得我吗？我是您救过的八路军啊！我叫邓世军，没有您的救护，我一定活不到今天！谢谢您……"

原来，从戎冠秀的发言中，这位名叫邓世军的战士听出，她就是当年反"扫荡"中救护自己的大娘。因为情况紧急，两个人谁也没留下姓名，连对方长什么样都没记住。

在戎冠秀眼中，这些年轻的战士都和她的孩子一个样。

晋察冀军区副政委程子华在听了戎冠秀的事迹后，曾眼含热泪地对戎冠秀说："戎妈妈，您立了大功，我们的战士完全应该尊重您，把您当亲妈妈一样跪拜。"

其实在抗战中，戎冠秀在妇救会长岗位上所做的事情涉及工作的方方面面，她获得的两个殊荣并不能完全涵盖。

1939 年 7 月，华北联合大学师生一千五百余人，从延安启程，东渡黄河向华北敌后根据地进发，9 月下旬到达晋察冀边区。当年 12 月，日寇进行冬季"扫荡"时，正值华北联大向平山转移，其中文工团日夜兼程来到了下盘松村。大家找房子、借炊具都很顺利，当遇到某些困难时，就听村干部说："找老会长吧！"

当时，晋察冀边区的百姓一般称村里的农会主任为"会长"。但在下盘松村，文工团团员却发现人们所说的"老会长"是指妇救会主任戎冠秀。在村里住了下来之后，他们发现老会长戎冠秀，不仅管妇救会的事，村里不管遇到什么样的事情都愿意找她，她都管。每天，她在街上风风火火忙个不停。

一两天后，文工团要为村里演戏。没有舞台，长途行军后幕布很少，服装、道具什么也缺，于是全村动员，干部们负责弄木头、搭台子。寻幕布、找服装便成了老会长的事。村里一个中年人有件皮袄，她跑去借，对方有点儿不痛快。她点子多，就半开玩笑半认真地说："你还是抗日积极分子哩！一件旧皮袄，戏上用一用，还不拿出来！怕冷的话，我把李有的旧大袄拿给你披。"对方一迟疑，她笑脸一拉说，"要再不拿的话，我可就骂啦！"

这个中年人急忙说道："我借我借，老会长可别骂！——我也不披你家李有的袄。""这才像话！"戎冠秀笑了，但又怕他挨冻，仍让女儿把李有的旧袄送了来。

舞台边幕缺一幅白布，她忽然想起一户人家有半匹新白土布，准备做被里。对大家一说，谁也不敢去借。她琢磨了一下，找到那户人家一位亲戚出面，结果那位亲戚空手而归，说："人家只等过过水，晾晾就用，怕弄脏了。"戎冠秀喜道："这就问题不大了，我去。"随即找去，客气地说："借了你家的布用，脏总是要弄脏一点儿的，但给咱村演戏嘛，你这忙还得帮，等用过了，我替你们下下水，保证把布给洗得干干净净。"对方听了她的话，忙说："老会长亲自来了，又说了这话，沾、沾，可沾，拿去用吧！"

边幕问题解决了，戏里还缺一件妇女穿的花棉袄，又把大家难住了，人们说整个村子谁也没有。后来有人突然想起，村里一个娶来不久的媳妇，是沟外人，有件花棉袄，一说，大家嚷嚷道："人家过门才两年多，棉袄仅穿过两三回，这能借？"戏冠秀看看大伙，抬脚朝新媳妇家走去。见了面，连夸带笑道："哎！这么好的衣裳，要是我，也舍不得借！可反过来再想想，人家是从延安毛主席那里来的戏团，走了几千里地到我们这儿抗日，我们呢？也非抗日不可！谁叫狗日的鬼子欺负咱……人家演抗日的戏，也是请咱看，可就是缺一件花棉袄，哎呀，你说这可咋办呀？"

那新媳妇听了哼了起来："哎呀，这咋办好？……"

她揣摩着对方的心思道："要不，这样吧！好媳妇，你揣上这花袄和我走一趟，看看那个演戏的女同志穿上这个合身不？若是合身的话，你还把袄拿回来。等到演戏那天，你去看戏时再带上，叫人家上台临时穿一下，演完了你立刻收回，交袄，收袄，我和你一起办，你看行不？"

"嗯……那要看我家他……"新媳妇扭扭捏捏不通人情地说道，"我做不了主啊，老会长，你看，家里还有我婆婆、公公……"

这时，一个老头儿从屋里出来打断了他的话："不用说啦！……人家老会长亲自来家里，说了这些个好话！再说，八路军共产党为抗日，多少人都牺牲了！不就是个新花袄嘛，赶快找块干净布包上，交给老会长拿走。等看完戏你捎回来就行了，再不叫老会长跑腿送了。"

就这样，在戎冠秀的积极跑办下，华北联大文工团找全了服装道具，顺利进行了演出，且在附近村庄连演三场，受到当地群众的热烈欢迎。事后，村民见了文工团同志，都跷大拇指夸道："演得好！演得好！"但是在文工团员的心目中，自己的戏演得再好，也不如老会长的风格高，形象鲜活感人，让人经久难忘。

文工团在下盘松村住了半月多，这才知道戎冠秀是有名的拥军模范。团里有了病号，她和对待八路军战士一样，送挂面，送鸡蛋，问医问药，帮这帮那，使大家深受感动，对她留下深刻的印象。

在戎冠秀领导全村妇女姐妹开展自我解放运动、发展生产、拥军支前的过程中，并不是一帆风顺的。如为经常挨打受气的媳妇们争得上夜校、开会和参加劳动的权利等，尤为令人难忘的是1942年她为妇救会干部李黑妮奔波申冤的事。

李黑妮是村里的自然庄湾子村赵先岭的媳妇，也是村里的妇救会干部。有一天，戎冠秀突然听人说，李黑妮"上吊"死了，她觉得很奇怪，黑妮虽然平日受婆婆和家里的气，可是半年多来，积极参加妇救会的工作，情绪很好，怎么会一下就上吊了呢？

这天，有人偷偷告诉戎冠秀说夜里听到黑妮的哭喊声。戎冠秀觉得事情不对头，马上找干部反映，并说："我是妇救会长，这事我得了解清楚——可是人已经埋了，你们说该怎么办？"

区干部说这是行政上的事，由我们负责，你就不用管了。戎冠秀说："你们负你们的责，我负我的责！"提出要把人挖出来，开棺验尸。一位区干部说："我们已验了尸，没有问题。"可她并不死心，忍不住流下悲伤的泪水，坚持要验。

她流着眼泪一天往黑妮所在的村子下盘松的自然村——湾子村走好几趟，悲愤地对大家说："黑妮和我一起做了好几年工作，埋了我也要刨开坟堆，开棺看看她的尸首，看看到底是咋回事？不然我就对不起上级，对不起我的妇救会员们！"

有些好心人劝戎冠秀，说这么多天，人都臭了，区里也验过了。戎冠秀再次坚定地说："区里负区里的责，我负妇救会的责。"发誓："不弄清这事，我就不当这个会长了！"

她带领部分妇救会员，顶着李家的巨大压力，硬是从土里刨出埋了十多天的李黑妮，打开棺材，亲自用清水洗擦尸首，果然看到死者的脖子上有很深的血痕，显然是被勒死的，看到这种情况，许多妇女流下了伤心的泪水，戎冠秀哭得最厉害。

她们终于查清，李黑妮不是自杀，是被丈夫用绳子勒死的。真相大白，凶手受到应有的惩办，为死者申了冤。过了四五年后，周围村庄还一直传说着这件事，连区干部和闻听此事的八路军指战员都对她这种为伸张正义而无所畏惧的英勇精神而感到由衷敬佩和感动。这以后，她在乡亲们中的威信更高了！

在无数个抗战日夜里，她所做的善事很多，一个由平凡不断走向伟大的女性，是从具体工作和日常生活的一件件小事做起，无所畏惧，迎难而上的。

【创作手记】

李秀玲是戎冠秀唯一的孙女，她一直致力于搜集有关奶奶的材料、故事和照片，下了很大功夫，也成果显著，她家就是一个小型的纪念馆。

李秀玲喜欢到北京的一些旧书市场转转。在那些地方常常有些惊人的发现，她手中的刊登有戎冠秀照片和新闻的《晋察冀画报》《晋察冀日报》等图书、报刊，都是她在旧书摊上淘到的，对有些人来说，可能一晃而过，但对李秀玲来说，那是不可多得的宝贝，虽不说是无价之宝，但对她来说却是价值连城。只要知道哪里发现有关奶奶的照片、图书，她总是想方设法购买到，有的一册图书在网上卖到几百元，她也毫不犹豫地买下。知道有人写奶奶的事迹，她全力支持。平山有个农民作家，花费很大力气写出了戎冠秀的电影剧本，通过网上发给李秀玲看，李秀玲看得十分认真，在征得作家同意后，她亲手改了剧本当中一些不准确、不恰当的地方，前后用了一个多月的时间。

2016年，平山县委、县政府和《西柏坡报》编辑部，想要出版一本大型画册，纪念戎冠秀诞辰一百二十周年，李秀玲提供了大量的照片，这些照片的原件都是她通过熟人关系到很多报刊社的资料库中找到的。为找到一张照片的底版，她可是千方百计，因为那些最初的拍摄者大都已经去世，清晰的线索，会忽然中断，李秀玲就像破案高手，善于抽丝剥茧，此路不通，就走他路，许是奶奶在天之灵在保佑他，看似山穷水尽，常常柳暗花明，峰回路转，李秀玲搜集戎冠秀资料的故事，就是一本好看的故事书，好在寻找的是奶奶的足迹，是奶奶的光荣故事，她没有厌倦，没有埋怨。老伴也是同乡，知道李秀玲对于奶奶的感情，一直十分支持。

多年来，李秀玲和她的爱人以及哥哥李耿成，撰写了怀念奶奶戎冠秀的数万字的文章，在适当的时候，我们也许能看到她笔下的戎冠秀是什么样。我采访的很多故事，都是她绘声绘色讲的，戎冠秀的事迹感人，李秀玲的讲述动情，因为她是用全部感情去讲奶奶的故事的。

在此，向祖孙两代人致敬！

一次捐赠引出一个感人故事

　　戎冠秀不仅关心本村妇女的痛苦，对外地来的妇女也一样关心。在采访李耿成和李秀玲时，他们向我讲述了一件跨越几十年的事情。事情发生在战争年代，却是一个感天动地的故事，谜底慢慢揭开，是很多人努力的结果，其中最主要的是李耿成和李秀玲。

　　事情的起源是2005年小云向南方灾区献爱心，捐献顺义的养母张君妈妈留给她的一件没穿过的新棉袄，棉袄虽然时间有些久远了，但没人穿过，在小云家几十年，小云也说不清来龙去脉，只是当作母亲的遗物一直保存着。要捐出去了，就得仔细查看一番，不料这一看，看出了大名堂，揭出一段埋藏了数十年的惊人秘密，其中也有小云的曲折身世，小云的生母事迹也浮出水面。

　　故事要先从小云的母亲说起，她的母亲叫李淑敏。

　　李淑敏是山西人，因不堪忍受婆家对她的虐待，逃婚来到了下盘松村，戎冠秀知道后，为防止婆家来纠缠，给她改名叫素云。

改了名字还不够，给素云找点儿什么样的事情做，成了戎冠秀挂在心头的当务之急。通过和上级领导沟通，戎冠秀介绍素云参加了革命工作，就是参与取送情报，由于是新人，戎冠秀特意安排自己的情报员李玉平带着素云学习取送情报。素云在党和戎冠秀及其情报员的关怀下进步很快，不久就可以顺利完成独自取送情报工作，成了一个合格的情报员，为党和革命工作做了很多贡献，后来，素云和地下党员——化名张士杰的革命同志产生了感情，并最终结了婚。一年之后，生下了两人爱情的结晶——女儿小云。

从逃婚到再建立家庭，两个人又都是革命同志，又有了女儿，素云对于未来充满希望，对于给她带来改变、处处无私帮助她的领导和老大姐戎冠秀，素云和爱人心里更是感激。他们立志把女儿养大，培养成才，立志做好革命工作。小云刚刚满月，素云就勇敢地抱着女儿取送情报，每次都十分顺利。

取送情报本身是十分危险的工作，情报人员都是处处小心，但是日本侵略者是狡猾的，他们对于自己的作战方案总是泄露，被八路军及时掌握，非常恼怒，加大了盘查和搜捕力度。很多优秀的情报人员，都被日本侵略者抓获、残忍杀害，素云在传递情报的时候，也出现了意外。那是在小云三个月时，素云在一次传递情报的途中被日本鬼子发现并残忍杀害，小云被扔到荒郊野外。可怜的小云，才只有三个月，还不懂得已经失去了母亲，她的生命也危在旦夕。小云是幸运的，刚被抛弃不久，就被一个拉豆子的老头看到捡回，这个老乡姓李，他很快就把捡到小女孩的信息报告村里，村里逐级上报，最后党组织知道了小云的下落。从素云出事开始，他们就一直在寻找小云的下落，如今两条线重合了，党的负责人在小云的鞋底里找到了情报。

刚刚三个月的小云，有意无意中成了小小的情报员，完成了妈妈没有完成的任务。

素云牺牲了，那时候的情报员，多是单线联系，知情人很少，而作为素云的上级和主要负责人的戎冠秀知道素云牺牲的消息，十分悲痛，但她首先要关注的是小云怎么办，这个可怜的孩子要怎么活下去？其次是要对素云有一个交代，关于她的身份、她的牺牲等。为证明素云的牺牲，以及她和张士杰、小云的关系，戎冠秀让别人代笔写出了一份证明材料，为了让素云烈士的女儿小云有饭吃，生活有着落、有依靠，戎冠秀又专门给八分区的李二姐写信，请她每月从军粮里给小云小米面五斤、红糖七两半，还让自己的情报员李玉平带着小云取送情报，李玉平也成为小云的养母。

这份证明信的内容是这样的：

证 明 书

代号张士杰，代号素云，他们生了女儿小云，
当时素云是党的妇女干部，担任取送情报，给八路

军送军鞋（等任务），在一九四二年八月六日，去取送情报时，半路上被敌人发现了，当天晚上就不幸牺牲了。

证明　晋察冀妇救会主任戎冠秀

1942 年 8 月 6 日

戎冠秀写给八分区李二姐的信：

晋察冀八分区李二姐，你好！

请你给素云的女儿小云，每月给小米面五斤、红糖七两半。小云没奶吃的，就用你的军粮给，素云牺牲了，可小云光荣完成党交给的任务，因为情报在小云的脚丫底里，敌人没有看见，今后小云就是八分区小小情报员，叫五号情报员李玉平代（带）他（她）取送情报，所以，素云、李玉平、小云都是我八分区的地下革命工作人员。

晋察冀妇救会主任　正（证）明　戎冠秀

一九四二年阴历八月十日

1945 年日本投降以后，根据上级安排，小云的第一个养母李玉平要跟随部队到山西去了。戎冠秀和李玉平共同给小云的亲生父亲张士杰写了一封信（李玉平执笔，戎冠秀摁手印），请他将小云接走，自此，小云离开了戎冠秀。

戎冠秀关心素云、保护婴儿小云这些事情，是小云在要捐献的棉袄中发现的。小云在第一时间联系了李秀玲兄妹，共同寻找事情的来龙去脉，他们在一团迷雾中寻找真相。

寻找真相的过程是曲折的，但那时候还有不少知情人在世。她们仔细看过棉袄，发现棉袄里不只展现出戎冠秀这几封信，还有许多共产党人留给小云的信件。将这些信和一些线索联系起来，寻访知情人，一点儿一点儿迷雾被吹散，真相渐渐浮出水面。

这些信件让小云知道了她的身世秘密，也让人们了解了戎冠秀在担任下盘松村妇救会长时，不光做了别人看得见的抗日工作，还做了更多别人不知道的、秘密的抗日工作。比如：为八路军某个机关或医院准备需要的粮食和用品，让自己的情报员李玉平、素云除了送情报外，还给八路军送药品、药棉、军衣、军鞋等八路军所需要的吃、穿、用的东西，甚至包括情报里双方人员的接头暗号等，戎冠秀全都参与制定。抗战年代，在下盘松村住过的八路军无数，受苦难的妇女也很多，戎冠秀在救护八路军的同时，掩护过多少地下革命工作者？关心过多少受苦难的妇女？又护佑过多少婴儿少年？因为戎冠秀在世时还不能解密，人们无法知道，人们所知道的是，因为戎冠秀对革命工作的极端负责任，她曾担任了很多年的妇救会长，落了一个"老会长"的好名声！由于"子弟兵的母亲"这个称号太耀眼，太响亮，戎冠秀所做的其他工作都被人们忽略了，当然知情者也不少，戎冠秀的伟大形象一直被颂扬，戎冠秀的光荣事迹一直被挖掘。

【创作手记】

很早以前看过电影《烈火中永生》，印象很深的是小萝卜头。在网上找到了一段他的介绍：

小萝卜头(1941—1949)，本名宋振中，男，1941年生于陕西西安，1949年9月在重庆被杨钦典害死，遇害时年仅八岁，是解放战争时期最小的战士。

宋振中八个月的时候，就随父母被带进了监狱。由于终年住在阴暗、潮湿的牢房里，再加上营养跟不上，七八岁却只有四五岁孩子那么高，成了一个大头细身子、面黄肌瘦的孩子，难友们都疼爱地叫他"小萝卜头"。

小萝卜头在敌人的监狱里长大，一直不知道外面的世界是什么样。经过地下党与特务的斗争，他才在监狱里上了学，由地下党员和爱国志士做他的老师。由于他年龄小，特务们对他的看管不是很严，他就经常在牢房之间传递东西、传递信息和秘密情报，在门口放哨，帮助大人了解入狱同志的情况等。

在革命胜利前夕，小萝卜头被敌人残忍杀害。重庆解放后，小萝卜头宋振中被追认为革命烈士，他是共和国乃至世界上最小的烈士，他的英名将永远被后人铭记。

我们不知道的是，还有比他小的情报员。我在采访李耿成、李秀玲兄妹的时候，他们和我说起小云的故事，说起奶奶戎冠秀所出的证明材料，我感到非常震惊，既为小云曲折的经历，也为戎冠秀的工作之细心、用心。我以为戎冠秀被授予"子弟兵的母亲"的称号，和她本身所具备的高尚品质有关，更和她这种待人真诚、用心有关，所有和她接触过的人，都会有如沐春风的感觉；在于她做事的走心，从来不是支应差事，不是要做给谁看，而是发自内心去做。

小云的妈妈，得到过戎冠秀的帮助，走出困境，成为光荣的八路军情报员，绝非偶然，是戎冠秀精心培养的结果。素云牺牲后，戎冠秀一直关注着小云的生活。

素云牺牲后，小云就跟着戎冠秀的情报员李玉平生活。而李玉平就是八分区李二姐派到她身边取送情报的地下革命者，在她带着小云取送情报的三年里，多次遇到敌人，多次遭遇敌人的残害，小云身上至今还留着敌人用大烟锅头烫的伤痕！

1945年，小云的养母李玉平要离开下盘松村，跟随部队到山西去了，戎冠秀和小云的第一个养母李玉平共同给小云的亲生父亲张士杰写了一封信，让张士杰将小云接走，还告诉张士杰，小云是吃军粮长大的，是八分区的小情报员，军龄从1945年算起，等小云长大后将其送部队，就到八分区，找戎妈妈、找李二姐都可以。遗憾的是，张士杰将女儿小云接走后，因为负责顺义和昌平两个地区的地下武装斗争，无法将女儿带在身边，只好忍痛将小云送给顺义一家没有小孩的、姓史的人家，故小云又多了一个名字——史庆云。

1955年，戎冠秀和其他平山共产党人为了实现自己的承诺，曾到顺义史家请小云回部队参军，此时的史家已经多了比小云小很多的三个弟弟妹妹，小云成了史家得力的小帮手，所以，史家没有让小云参军，请小云回部队的人只好给小云留下从1945年到1958年的生活费后返回部队。

做事讲方法

1938 年到 1942 年，是抗日战争最艰难的时期，和晋察冀大多数地方一样下盘松村的青壮年男子纷纷走上前线。在艰苦的环境里，戎冠秀带领全村妇女，积极赶制军衣军鞋，拥军支前，挑起了支前和农业生产的双重重担。

抗战的那些年，下盘松全村每年要交百余套军衣、百余双军鞋，军鞋底厚帮实，足有一斤二两重，在当地村子中质量年年排第一。

戎冠秀经常把妇女们召集在一起，语重心长地交代说："子弟兵跟咱家里的孩子、兄弟一样，咱们给自己孩子、兄弟做鞋都结结实实的，给子弟兵做也一样。他们整天翻梁爬坡行军打仗，比不得在家里，要做一双是一双。"

话虽这么说，总有意外，总有极个别的人偷工减料，遇到这种时候，戎冠秀怎么做？有人创作关于戎冠秀的影视剧本，联系上李秀玲之后，发给她看，李秀玲通读剧本之后，会严肃认真地对作者说，你写的这不是我奶奶，因为她不会那样说话，不会说那样的话。戎冠秀是怎么做工作的？她做事有着鲜明的个人风格。

有一次，戎冠秀发现有一套棉衣是用旧棉花絮的，马上找到当事人，她说："你这套棉衣摸着有点儿特别，是不是晚上做活儿没看清，絮错棉花了？咱们的孩子在外抗日，穿的棉衣不暖和，咱当娘的该多心疼啊！"当事人自知理亏，但嘴上仍说："我可是絮的公家发给的棉花，看在你的面上，我现在就换上我自家的好棉花。"戎冠秀马上给对方台阶下，说："那我就先代表子弟兵谢谢你啦！"

既保证了军衣的质量，又照顾了当事人的面子。戎冠秀做群众工作既耐心细致，又讲究方法，她不会严厉批评人，但她想要达到的目的总要达到，她的批评方式可以叫作春风化雨式的批评，当然，她凡事自己做得好，给人树立了一个很高的标准，这也是别人信服的地方。戎冠秀严谨细致的工作作风，一直在全村妇女口中传扬。

在戎冠秀的带领下，全村妇女用自己种出的棉花、纺出的布，做出一批又一批军衣、军鞋，源源不断支援前线。

【创作手记】

1948 年党中央、毛主席移驻西柏坡，在这里指挥了震惊中外的三大战役，召开了具有历史转折意义的七届二中全会。

为什么是西柏坡？比较合理的解释是：平山县革命发动

较早，人民群众听党的话，群众基础较好。

平山县在大革命时期就建立了共产党的组织，到1946年，全县党支部为六百零八个，共产党员由1931年的六十人发展到一万九千五百三十五人。自抗日战争以来，平山县为晋察冀和晋冀鲁豫两大根据地所环抱。平山县是晋察冀边区第四军分区和第二军分区领导机关所在地，中共中央北方分局、晋察冀边区政府、晋察冀军区等首脑机关也曾在这里居住长达三年半之久。平山县是晋察冀边区的模范县，西柏坡是个模范村。西柏坡1937年冬建立党组织，到1948年时已有党员四十名，分布在三十三户，占全村人数的百分之十二点三，占全村户数的百分之三十三。西柏坡村一带村庄稠密，相距多在一二公里，且沿滹沱河分布，依山傍水滩地肥美，地宽粮丰，稻麦两熟。对于西柏坡一带以及平山县的经济条件，聂荣臻元帅曾这样说过："平山县可称得上是我们晋察冀边区的乌克兰。"较发达的农业经济，有利于保障军民的经济供给，为党中央驻地提供物质基础。

经济供给是一方面，更主要的还在于人的因素，这就是令人闻之动容的平山团。平山不仅有子弟兵母亲，也有子弟兵。而"子弟兵"这个词的出现，就和平山团关系重大。

在现代，"子弟兵"的称谓来源于抗日战争时期聂荣臻元帅领导的晋察冀敌后抗日根据地。1937年11月，晋察冀军区司令员兼政委聂荣臻率领三千余人的武装，在晋察冀三省边界地区创建了第一个敌后抗日根据地。建立根据地后，聂荣臻立即着手扩大人民武装力量，在当时的晋察冀便出现了不少带有地域色彩的部队，如"回民支队""平山团"等。这些部队拥有雄厚的群众基础，大家怀着保家卫国的热情，英勇顽强地打击日寇。1939年5月，聂荣臻发布通令，嘉奖平山团是"捍卫民族、捍卫边区和捍卫家乡的优秀的平山子弟兵"。这是"子弟兵"一词首次用于称呼共产党领导下的人民武装。"子弟兵"的称呼深受人民群众和广大指战员的拥护，很快家喻户晓，越叫越响亮。它很好地诠释了中国共产党领导下的人民武装来源于人民、根植于民族土壤，与人民和民族同呼吸、共命运的新型军民关系。

著名民主人士李公朴先生1940年春到晋察冀考察后撰写了《华北敌后——晋察冀》一书，书中称颂道："子弟兵是老百姓的儿子，是在晋察冀生了根的抗日军。"后来，"人民子弟兵"成为人民对我党领导下的革命武装的亲切称谓，并一直沿用至今。"人民子弟兵"不仅指解放军来源于人民，更重要的是指解放军是全心全意为人民服务的人民的武装。

送 子 参 军

　　1945年8月15日，日本宣布无条件投降，抗日战争结束，中国人民终于取得了伟大胜利。当抗战胜利的喜讯传到下盘松村时，戎冠秀高兴得两天两夜没有睡觉。

　　她满怀无比喜悦，高高兴兴奔波着，组织妇救会会员、儿童团员做纸旗、贴标语、扭秧歌，同全县所有村庄一样，用山区人民特有的方式来庆祝这来之不易的胜利。随后，她带领大家摘红枣、炒瓜子、炒黄豆……赶做慰问袋，用平山深山区的土特产把慰问袋装得鼓囊囊的，兴高采烈欢送八路军部队移兵外地，兵出家乡。子弟兵从下盘松村边经过时，她早早就烧开水，煮熟鸡蛋，同慰问袋一起摆放在路边，等候亲人子弟兵的到来。当一队八路军战士挺胸扛枪、昂首阔步从山湾出现时，大老远，她就迎上去，把鸡蛋塞在亲人兜里，慰问袋挂在亲人腰上。她端来开水，双手捧在亲人嘴边，难舍难分，一遍遍地说道："喝碗山泉水吧，亲人们啊，你们走后可别忘了下盘松村，别忘了平山和太行山……"

曾经居住在下盘松自然村湾子村的八路军战士马化民，离开平山不久，便从新的驻地张家口，给戎冠秀寄来点心。戎冠秀收到点心激动不已，马上从家里出来，东一趟西一趟把全村烈军属请来，把点心摆在桌上，动情地说："乡亲们啊，这是从千里之外寄来的点心，东西不多，可礼轻情意重啊！大家快请尝一尝，快请甜甜口甜甜心啊。"

　　在以后的岁月，许多曾在平山战斗生活过的八路军指战员，或专程或借出差之机，重返平山故土，到下盘松村看望子弟兵的母亲戎冠秀，也有人因为路途遥远或工作不便，委托战友或兄弟子侄代为探望，鱼水情深，不是亲人，胜似亲人。

　　抗战胜利后，全国人民普遍期待一个和平建设环境的到来，不希望战争，也反对战争，中国共产党人从民族大义出发，为了保证国内和平，避免内战，1945年8月29日至10月10日，与国民党在重庆进行了谈判，签订了《双十协定》。国民党虽然迫于国内外形势，承认了"和平建国"方针，但仍然企图发动内战来消灭共产党及其军队。1946年的6月26日，国民党以三十万大军围攻中共中原解放区，全面内战爆发。

　　以毛泽东为代表的中国共产党人针锋相对，领导全国解放区军民和国统区人民，开始了"武装自卫"直到"打倒蒋介石，解放全中国"的解放战争。这时，八路军和新四军改称中国人民解放军。

　　在这种情况下，全国解放区又掀起了一个新的参军高潮。戎冠秀走东村、串西村，搞宣传，做动员；男儿打仗上前线，妇女生产为支前！她广泛动员妇女姐妹，争做母送子、妻送郎，兄弟争相上战场的模范。

1946年6月，在离下盘松村二十多里的蛟潭庄召开了扩军大会。戎冠秀一大早就踏上了崎岖的山路，在太阳刚刚挂上树梢时，就提早赶到了会场。

大会开始了，她全神贯注聆听着区长的讲话。区长扩军的话刚讲完，戎冠秀霍地从人群中站了起来，高声说："区长，我给三个儿子报名参军！"

话音未落，树林里响起了林涛似的掌声。区长忙走下台，来到戎冠秀跟前，请她到台上去讲。

"就在这儿说吧，我嗓门大，都能听见。"区长执意道："到台上去说——把你心窝里的话，都掏给乡亲们听听！"

戎冠秀大步走上台，闪眼朝台下看看，先愤怒地控诉了日本鬼子的罪行，又驳斥了蒋介石……接着举起拳头坚定地说：

"日本鬼子烧杀抢掠，糟害了咱多年，如今，刚刚被咱打出去，蒋介石这老小子又想抢咱的胜利果实，咱坚决不答应！共产党、毛主席号召咱送子参军，壮大咱八路军的队伍，咱坚决响应！"接着举起拳头坚定地说，"我有三个儿子，都报上名！让上级去验，验上哪个哪个去！都验上了就都去！如果不嫌我家老汉李有老，叫他也给咱八路军喂马去！"

她滚烫的话语，使整个会场变得情绪激昂，群情振奋。掌声、喊声、口号声，把会场里的小树林都要卷起来了："向子弟兵的母亲戎冠秀学习！""学习戎妈妈，送子参军打老蒋！"

戎冠秀的举动，感动了村里的乡亲们，征兵大会现场立刻引来很多家庭踊跃报名参军。大山深处，再度出现了妻送郎、父送子、兄弟争相报名的热烈场面和动人情景。

扩军大会散会后，戎冠秀立即赶回家，一进门，就把会上报名参军的事告诉了家里人，戎冠秀的三个儿子听了都十分高兴，他们早就憋足了劲儿要去参军，老伴李有也笑着说："要是上级能批准就好了，我领着你们，咱父子四人一块儿去，叫你妈留在后方支援咱们。"

戎冠秀笑着说："你们都去吧，我保证全力支援你们打胜仗！"

后来，经上级检查，区政府批准了戎冠秀的三儿子李兰金入伍，戎冠秀得到确切消息后，叫上兰金和他的未婚妻——养女喜花，头顶皎洁的月亮，来到北梁的半山腰，与他们共同栽下两棵直溜的小白杨，以示自己的希望——愿兰金到部队健康成长，在战斗中早日成才，两人都能成为对国家、对社会有用的人。

当挖好坑，为两棵树培上土后，戎冠秀故意挑起水桶离开了。喜花背对兰金有些羞涩地说："你走了，俺陪着娘过，你要把喜报早日寄来……"

兰金入伍这天，戎冠秀给栗红骡子戴上大红花，让儿子骑上。自己牵着骡子把儿子送往远处的山口，边走边叮咛：

"到了部队，可一定要听党的话，把枪擦得亮亮的，狠狠打击敌人，为咱们穷人打江山，保江山！"兰金郑重地向母亲点了点头。分手时，戎冠秀严肃地望着儿子，再次叮嘱道："记着，消灭不完敌人，别回来见我！"

兰金没有辜负母亲的希望和教导，参军后一次次立功受奖，一次次往家里寄立功喜报，历经整个解放战争。当他的立功喜报从前线寄回时，村里人都说："你们家可真是，老子英雄，儿子也英雄啊！"

1950年底，抗美援朝开始了。身为64军180师炮兵连长的李兰金跨过了鸭绿江，开赴朝鲜战场。1951年4月22日，第五次战役打响，李兰金随64军于4月24日凌晨渡过了临津江，他在随军攻打汉城的途中，英勇牺牲！

戎冠秀听到三儿子牺牲的消息时，只觉得头轰的一声大了，眼前天旋地转……她忙靠墙站稳，愣怔了片刻，随即镇定下来，看家人都在哭，就安慰家人说："哭甚哩？没有牺牲，不用血汗，能换得咱们的胜利？"

老伴李有呜咽着说："我……我可怜咱那孩子，从小跟上咱受苦，如今，盼着解放了，他……"

戎冠秀说："比上不足比下有余，说咱孩子苦，还有比咱苦的咧！咱兰金子是为中国人民和朝鲜人民的幸福而牺牲的，他给咱们带来一辈子的光荣！"

这里有个小故事，是著名表演艺术家田华自己讲的，当年，1928年出生的田华还只有十五六岁，他们抗敌剧社经常住在平山的各个村，有时住到下盘松村，八路有规定，"不拿群众一针一线"，也不许吃群众的东西，于是戎冠秀经常偷偷地塞给他们一帮孩子几个核桃、几个枣，她把小战士当作自己的孩子一样看待。

戎冠秀被授予"子弟兵的母亲"的光荣称号后，军区抗敌剧社的胡可、胡朋深入生活到河北平山县下盘松村采访了戎冠秀，而后写出了话剧《戎冠秀》。十六岁的田华与戎冠秀女儿年龄相仿，所以在剧中扮演戎冠秀女儿。通过演戏，田华更深刻地认识和理解了她戏中的妈妈——"子弟兵的母亲"戎冠秀，更加崇敬她。

1954年，田华和戎冠秀一同当选为第一届全国人大代表，又同在河北省代表团，于是生活中的"子弟兵的母亲——戎冠秀"和戏剧舞台上《戎冠秀》的女儿，戏剧性地相会在中南海的怀仁堂内。亲人相见，分外亲热，田华一声"妈妈"的呼喊，使她们紧紧地拥抱在一起，她们像久别重逢的母女，互相倾诉着千言万语。

会议期间，有记者采访戎冠秀。记者对她说："您不光是热爱子弟兵的母亲，您还是英雄的母亲啊。"田华之后问戎冠秀："您真像他们说的那样，知道小儿子牺牲时没哭吗？"戎冠秀说："我不哭，我觉得小儿子牺牲在抗美援朝战场上，是一件非常光荣的事。"田华又问："您作为母亲不觉得痛心吗？"戎冠秀眼含热泪说："儿女是娘的连心肉，走了、牺牲了，怎能不痛！有一次，实在想儿子了，就找了个没人的背地旮旯儿地儿痛痛快快地哭了一场，以后就没有了，自己是个党员不能在群众面前哭哭啼啼，做人还得要刚强！"后来，田华专门写了一篇纪念戎冠秀的文章，叙述她们的"母女"情深。

"最后的一尺布用来做军装，最后的一碗米用来做军粮，最后的老棉袄盖在担架上，最后的亲骨肉送去上战场。"这是《西柏坡拥军小唱》中的一段歌词，诞生在平山县。后被改为歌曲《天下乡亲》，歌曲的背景是在中国革命战争时期，展示了人民军队与老百姓的鱼水情深、人民群众牺牲自己的一切帮助军队的刻骨铭心的情谊。

戎冠秀的孙女李秀玲说，日常生活中，每当我想到、看到或听到这四句话，就会想起了我的奶奶戎冠秀！我总觉得，这四句话就是写给她的，当然，我也会想起像奶奶戎冠秀一样的老区人民！为什么也会想到他们呢？那是因为，抗战的胜利，解放战争的胜利，新中国的成立，都离不开像戎冠秀一样的千千万万的人民的支持……

戎冠秀听到儿子牺牲的消息的时候，正是中午在家里，她听完说了一句话，"我饿了。"家人都沉浸在悲痛当中，这句话没人特别关注，戎冠秀于是和面、擀面、煮面，面条做熟了自己盛了一碗，吃下去。她真的没有掉眼泪，可是全家人都知道她的苦楚。

在 1978 年 8 月，戎冠秀的大孙子通过各项测试入伍，这棵白杨树见证了又一代人成为"子弟兵"。

【创作手记】

就在即将交书稿的最后时刻，我和李秀玲在微信上有一个交流。她讲述了这样一件事情：

表演艺术家田华，在文章中回忆戎冠秀亲口跟她说，想儿子了，伤心了，就蒙着被子哭。田华也写过怀念戎冠秀的不少文章。李秀玲说，她奶奶是有口音的，估计说的是在背地旮旯哭，田华误听为蒙着被子哭。都是女人，都是为人母，想来也是人之常情。但以戎冠秀的性格，她绝对不会在人前哭。蒙着被子哭的说法，曾被别人采用，儿子牺牲了，戎冠秀会怎样？

第一是开导家人，往宽处想，儿子是当然的烈士。当兵就可能有牺牲，这是从参军那一刻，就有的思想准备。

李秀玲说，她妈妈听人说，见过戎冠秀哭过一次，妈妈也没见过。在村西有戎冠秀家的地，有人在那里见过。

戎冠秀曾对老伴李有说："经常在别人面前哭什么呀？人就得刚强点儿，想哭了找个背地旮旯自己悄悄地哭两声得了。"

李秀玲说："正常情况下，奶奶自己遇到伤心的事情，她是不会在别人面前哭的，也包括不在爷爷面前哭。"

李秀玲说，那时候家里很穷，往往是几个人合盖一床被子，蒙着被子哭，也是不现实的。

老家沙坪村里一个叔叔（堂叔）、婶婶的儿女都在北京成家了，他们也常住在北京，有次李秀玲到他们家去看望老人，他叔叔就和李秀玲说："有一次，村里有人听见你爷爷的父母坟前有人在哭，人们都不知道是谁，过去一看是你奶奶在哭。"

李秀玲猜想，奶奶是想叔叔了，她不愿意在下盘松村哭，也不愿让别人听见她哭，也许她就是借哭老人的机会，来宣泄自己思念儿子的这种情感。

这是她和奶奶相处多年，对奶奶的理解。笔者认同李秀玲的这种说法。李秀玲说之所以和我说这些，是为了让我更加深刻、全面地了解戎冠秀。

参加开国大典

1949 年 9 月 21 日至 30 日，中国人民政治协商会议第一届全体会议在北平召开。中国共产党及各民主党派、人民团体和无党派民主人士等单位代表含候补代表，共六百六十二人参加了会议。戎冠秀作为华北区人民代表出席了会议。村里的群众赶着毛驴把她送到县城，几次辗转才到了北京。9月 7 日，全体会议召开前夕，周恩来向出席会议的代表作《关于人民政协的几个问题》的报告，在介绍代表产生办法，讲到七十五名特邀代表时，专门提到了工农方面的英模代表戎冠秀等人。9 月 21 日下午开会时，周恩来副主席满面春风地向她招手，亲切地称她"戎大姐"，请她到会场前面就座。朱老总满面笑容地和她握手，亲切地向她问候。

1949 年 10 月 1 日，戎冠秀参加了开国大典，见证了新中国的诞生。之后，受到宋庆龄副主席的热情接待。在宴会厅举行的盛大国宴上，毛主席魁梧的身躯出现了。戎冠秀激动地站了起来，禁不住用手拢了拢斑白的鬓发。毛主席走来，慈祥地握住她的手，亲切地问："你叫什么名字？"戎冠秀抖动着嘴唇，用平山话回答："我叫戎冠秀。"毛主席听了笑呵呵地说："哦，这个名字，我知道，记得。"主席的话像一股暖流，霎时涌进她的心里，她禁不住热泪盈眶，热血沸腾。

开国大典后，她回到了下盘松村。信心更足了，干劲更大了。她对乡亲们说："如今是咱们的天下了，咱们就跟着共产党、毛主席建设新中国吧！"

中华人民共和国成立之后，她历任村党支部委员、妇代会主任、党支部副书记、乡党委委员、县委委员、县妇联名誉主任等职。先后当选为第一至第五届全国人民代表大会代表，全国妇联第三、第四届代表大会代表，全国妇联第四届执行委员会委员，河北省妇联第五、第六届执行委员会委员，被评为全国"三八红旗手"标兵，多次出席全国劳动模范和拥军优属表彰会议。

村里穷，学校狭窄，孩子们没地方念书，村里小学要扩充，她主动把土改时分到的五间大瓦房无偿捐献出来，让给学校，自己搬到坡下两间小平房去住。村里发展医疗卫生事业，她东跑西颠忙忙碌碌，张罗房屋，筹划药品。她又以高涨的生命激情投入到新中国成立后的火热生活之中，不仅工作积极，带头生产，还把全村的群众生活时刻记挂在心上。拐子赵三元的媳妇生小孩难产，她听说后，急忙赶去帮助接生。得知赵家没有小米，她马上回家，从自家挖上小米、带上红糖去给三元媳妇熬米粥、煮糖水补身子；放牛的李兴宽的媳妇不幸得了伤寒病，无人近前看护，她就每天去给她烧水、煮饭、洗头、洗脸……韩增如的妻子病死在炕上，没人来给死人换穿寿衣，她听到后立即赶去，给逝者穿上寿衣，并抹得平平展展。常年如一日，她不怕脏，不嫌累，舍己为公，一心为人，哪里有了问题，她就出现在哪里；谁家有了困难，她就去帮助谁家。以致乡亲们自然形成了习惯，一有困难，就说："快，找老会长去！"

和平建设时期的优秀表现

1950年9月25日至10月2日，由中央人民政府国务院召开的全国战斗英雄代表会议和全国工农兵劳动模范代表会议（简称"全国英模代表会议"），在北京同一会场同时举行。战斗英雄代表三百六十人，工农兵劳动模范代表四百六十二人，列席全国战斗英雄代表会议的国民党军起义代表六十四人。他们先期在天津、石家庄集中，在丰台会师后，一起坐着"毛泽东号"英雄列车，到达北京。在1950年9月22日举行的会议上，英模代表刘梅村、李永、戎冠秀致答词。

9月25日，两个会议联合举行开幕式，政务院副总理兼财政经济委员会主任陈云致开幕词。毛泽东主席代表中共中央致贺词。毛泽东在贺词中称赞："全中华民族的模范人物，是推动各方面人民事业胜利前进的骨干，是人民政府的可靠支柱和人民政府联系广大群众的桥梁。"强调，中国必须建立强大的国防军，必须建立强大的经济力量，这是两件大事。这两件事都有赖于同志们和全体人民解放军的指挥员、战斗员一道，和全国工人、农民及其他人民一道，团结一致，协同努力，方能达到目的。

戎冠秀作为河北劳模代表光荣出席了会议，并在会上见到了战斗英雄代表——曾同时出席晋察冀边区第一届群英会的邓世军同志。英模代表幸福地同毛主席和其他中央首长在一起合影留念。曾在平山工作战斗过的著名诗人田间多次去探望戎冠秀，听取她参加开国大典的感受。

戎冠秀返回家乡后，响应会议号召，带头发展生产、繁荣经济的劲头更大了。

1950 年 6 月至 1952 年底，全国在新解放区农村开展并完成了轰轰烈烈的土改运动。这次土地改革运动是我国历史上规模最大，也是历次土改运动中进行得最好的一次。全国范围的土改，极大地解放了农村生产力，农村经济迅速走向恢复和发展。1953 年 6 月，党提出了过渡时期的总路线，国家开始实施第一个五年建设计划。同时，对农业的社会主义改造，也大力向前推进。党先后做出关于农业生产互助合作的决议和关于发展农业生产合作社的决议。

戎冠秀响应党的政策和政府号召，带头办起了平山西部深山第一个农业生产合作社。

入社时，因为私心作怪，下盘松村曾一度刮起了砍树、杀羊风，很多人把自己的羊杀掉，把自家的树刨了锯了，怕入社后成了集体的财产，自己吃亏。戎冠秀看在眼里，疼在心里，她积极宣传党的政策，同时带头把自己的十只羊献给了合作社。有人让她留一只，杀了自己吃肉，戎冠秀坚定地说："我是共产党员，要做执行政策的模范。杀一只羊看似是小事，可你杀一只，我杀一只，还怎么能壮大社里的力量，这岂不是背离了党的入社方针和政策！咱们搞社会主义，首先要为集体富裕着想。"支部会上，她多次提醒大家，要做宣传、执行政策的模范；走社会主义道路要坚定不移，决不能三心二意。在她的劝说和带动下，全村很快刹住损公利己的歪风，较快创建起合作社，大家也逐步树立起走社会主义道路的坚定信念。

入社后她家粮缸满，谷满仓，打的粮食吃不清。但在吃饭上，她仍按季节和农活轻重调剂饭菜：忙时，一日三餐，多粮少菜；冬季，一日两餐，多吃稀，少吃干，多吃菜，少吃粮。每年还采摘很多野果，晾干存好，常年吃用。她常说："旧社会是野菜里掺一把粮，现在是粮食里掺一把菜，人富了也不能忘了穷日子。"

1954 年 9 月 15 日至 9 月 28 日，第一届全国人民代表大会第一次会议在北京隆重开幕。到会代表 1210 人，戎冠秀作为河北人民代表光荣出席。会前，县政府要派小汽车接她去，为了给国家节约汽油，她硬是骑着小毛驴到县城换乘公共汽车。

在话剧《戎冠秀》中扮演戎冠秀的胡朋同志，自抗战胜利后，再也没有见过戎冠秀的面，会前从报纸上看到她当选为第一届全国人大代表的消息，兴奋极了。人代会召开后，她到戎冠秀所住的招待所去看望她，正巧她散会回来，穿一身灰色咔叽布制服，胸前挂着印有"代表"两字的小红条，头发花白，看上去格外精神。她认出了胡朋，两只大手把对方的手握在手心里，开口便说："老胡，在电影里看到你了，就是不能说话！"说着，拉她到宿舍坐下，一面叙述家乡的变化，回答她的问题，一面脱下身上的灰制服，整整齐齐叠好，包在包袱里，并向她解释说，衣服是省里给做的，供开会穿，并说："你看这布料多结实，能穿十几年……做这一套衣服花不少钱呢！"

　　时间不长，胡朋因拍戏，在石家庄又一次与戎冠秀相遇，正巧她开过人代会要回下盘松村，胡朋想着那套灰制服，兴致勃勃地叫她穿上回村，让乡亲们好好看看。戎冠秀怔了一下，拉住胡朋的手，像是解释似的低声道："不，老胡，这是开会穿的。村里虽说比以前生活好了，可还是没人能穿上这样的好衣裳。我穿上它回去，就脱离群众啦——咱跟群众一样，群众才能跟咱一块干哩！"

　　后来，人民公社成立了，村里成立了生产队，队上的工作，她抓得更紧，连吃饭时间都用上了，群众工作都是挤时间去做。常常是端起个大碗，出这家，进那家，饭吃完了，工作就安排好了。

　　1961年，麦子刚熟，她正要领着儿孙去割自留地的麦子，天气预报说，两天之内当地有暴雨。她立时改变了主意，说道："咱们不能割自家地里的麦子，要先去割队里的麦子。"家里有人不同意，就说："咱们自留地的麦子少，一割就完。

割完咱们的麦子，再去割社里的也不误事。"戎冠秀一听这话，就生气地说："你可真糊涂，自家那么一点儿麦子，损失了也不当紧；可队上的麦子一受损就了不得！"说完，拿上镰，叫上儿孙们便奔向队里的麦地。

打麦场上，她发现扬过的麦糠里还有麦粒，便清早起来，拿上簸箕去簸，一直忙到太阳落山，从一大堆麦糠里簸出小麦三十多斤，一粒不落交给了队里。

她以主人翁的姿态，为国为民分忧，平时省吃俭用，一旦有的地方出现灾情，她总是拿出钱和粮支援。三年困难时期，她带领全村妇女开展勤俭节约运动，互助互济，使下盘松村的人民顺利渡过了难关。她的闺女给她捎来一件军衣，她洗洗补补穿了五个年头。困难时期，她三年没领过布票。

戎冠秀文化虽然不高，思想境界却很高。1964 年 10 月份，她知道《石家庄日报》正在讨论"怎样正确认识个人的前途和理想"，便积极参与讨论，她的文章发表在 1964 年 10 月 22 日的《石家庄日报》上，题目是《孩子是自己的，更是国家的》，在文章中她明确表达自己的想法：

我认为一个人由小孩到长大，做父母的当然要尽一定的心力，但更重要的还是党和国家对青少年的培养教育和无微不至的关怀，才使他们得到了健康的成长，成为社会上有用的人。因此，在孩子确定个人志愿和理想时，当父母的应该教育儿女，根据国家的需要来定自己的理想和志愿。革命事业需要他们干什么，就鼓励儿女积极去干，并且要求他们一定要干好，这样才是好父母。

她还讲了自己的家庭，自己对子女的教育和选择。

过去，我常给孩子们讲家史：旧社会一家子逃过荒、要过饭，直到共产党来了才获得解放。孩子们上了学，党培养大了他们，我就把他们交给党。由于他们牢记着旧社会的苦，不忘党的恩，国家需要他们干什么他们就愉快地干什么。

我这样教育儿女，有的人想不通。他们说我是"铁心人""没有当娘的心肠"，把孩子送得死的死，远的远，你就不想吗？我说："儿女是娘的连心肉，死了、走了还能不想。虽说孩子是自己生的，可是是党培养教育的人，应该归国家。为国家，为人民远走高飞、流血牺牲这是应该的，当娘的也为孩子这种行动感到光荣，因为我们尽到了做父母的责任。"

以亲身感受和高度的政治觉悟及时澄清一些青年和家长在择业时的短浅和模糊之见，鼓励年轻人要怀着报效祖国之心，根据国家需要，投身国家各个行业的建设事业。

1965年初，在全国第三次人代会上，戎冠秀与老友胡朋再次见面，胡朋和她一起转了一个市场，为了找个谈话的地方，并让她品尝一下老北京的羊肉吃法，便在"东来顺"订好了座位，约了戎冠秀的老朋友魏巍作陪。见面后，戎冠秀向大家介绍了自己的情况。说话间，服务员把羊肉片、白菜、粉条、豆腐、烧饼摆满了一桌。见到这个情况，戎冠秀着了急："老胡，咋弄这多菜？真要吃七个碟子八个碗吗……"听了这些话，胡朋心里有些发慌，幸亏魏巍和另一名同志插话，把话岔开，胡朋这才说："我们好多年不见了，这回好不容易见了面，难得在一起吃顿饭，打日本时，你把好吃的东西都给了我们这些当兵的，拿我们当儿女看待。今天你到北京，我们请你吃这点儿东西，难道不该吗？"戎冠秀说："这些年我常出来开会，好东西吃了不少。你为我花这么多钱，我可是心疼。眼下老百姓吃饱饭已不容易，过年过节才能见个油水，咱们可不能铺张浪费呀！"说着，边用烧饼蘸盘子里的油汁，边道："吃到嘴里，总比倒掉强。"她的这一番话和举动，令在场的每个人心里变得沉甸甸的，无形中受到了一次很深的教育。

胜似母子情

在抗战中，戎妈妈冒着生命危险抢救、护理过多少伤员，她自己也数不清。她从死亡线上抢救回来的八路军战士邓世军，重返战场后杀敌立功，被评为晋察冀边区战斗英雄。戎冠秀救护过的伤员中，和戎冠秀缘分最深、最具传奇色彩的，就是她和邓世军的故事。

1943年冬天，戎冠秀在一次偶然机会救了邓世军，伤好一点儿后想挽留他到家里养伤，邓世军怕同志们担心他，婉拒了，戎冠秀要送他回花木村医院，他也没同意，最后直接回部队了。

在第一次群英大会上，当戎冠秀在台上发言的时候，被评为特级战斗英雄的邓世军就在现场，他从戎冠秀的发言中得知，台上这位大娘，就是自己的救命恩人，会议结束后，他抽空赶紧走到戎冠秀的身边，用激动的双手握着戎冠秀的手说："大娘，我就是你救的那个八路军伤员！大娘啊！娘！"戎冠秀一看邓世军这样，却一时没转过弯来了，她疑惑地说：

"不能吧？你认错人了吧，救你的人多了！"因为戎冠秀救的伤员无数，到底有多少伤员是她救过的，她根本就不记得了，而且她怎么也想不到，在这样隆重而盛大的会议上，哪能这么巧就有自己救过的伤员呢？可是邓世军是明白的。他虽然受伤时有点儿迷糊，没有记得这个大娘长什么样，可是大娘在台上讲的故事经过，和他的亲身经历是一样的，所以，邓世军就认定了，说："是你，我记得，就是你……"

这时，他们两个已经被晋察冀边区授予了不同的光荣称号，邓世军被授予"特等战斗英雄"的光荣称号，戎冠秀被授予"北岳区拥军模范——子弟兵的母亲"的光荣称号，在会场突然又发生了这样两个楷模相遇的故事，边区首长个个都喜出望外，很快这消息就传给在延安开会的聂荣臻，这事连毛主席都知道了！他们和爆炸英雄李勇的三英雄合影照，很快就刊登在《晋察冀画报》的封面上。

从此，他们就以母子相称，邓世军返回部队后，他还给戎冠秀写了一封信："您是子弟兵伟大的母亲，我愿将我的枪端得平平的，瞄得准准的，去射击万恶的敌人，保卫您，保卫我们的晋察冀！"

这个相遇，本身就具有戏剧性。接下来，他们的相遇，那是在新中国成立后的北京。

1950年9月，在北京召开了全国工农兵劳模大会和全国战斗英雄大会。中央将两个大会合在一起开，邓世军作为全国战斗英雄入会，戎冠秀作为全国农民劳模入会。9月22号英雄模范人物从丰台乘坐"毛泽东号"刚到前门火车站，中央和军委即刻在车站召开欢迎大会，中央领导、军委首长上台致欢迎词，身为主席团成员的戎冠秀作为农民劳模代表上台答谢，邓世军又找到了"母亲"戎冠秀，母子再次重逢！

他们的"母子情"，从抗战年代一直延续到新中国成立之后！

1959 年国庆十周年，戎冠秀又来到北京参加国庆观礼，此刻，她在期盼着什么，她久久地朝下凝望着，她在凝望什么？戎冠秀在期盼她的八路军特等战斗英雄"儿子"邓世军呢，她还记得，在 1950 年她曾和邓世军一起参加了国庆观礼！

她心里憧憬着，也许突如其来的相遇会再次降临。可是，她并没有在人群中发现那个熟悉的身影，在这难得的观礼时刻，她一时竟然有些失落，情绪也不高。这时候，解放军总政治部的胡可同志朝戎冠秀走来，胡可同志亲切地走到戎冠秀身边说："戎妈妈，您到这儿来坐吧！"她摇摇头说："不，我还要等一个人。"说着，两眼盯着观礼台的入口处，生怕自己一眨眼和"儿子"错过去。

胡可和他的妻子胡朋与戎冠秀早就是老相识，1944 年 2 月，他们一起参加晋察冀边区的群英大会，会后他和他的妻子胡朋还跟着戎冠秀从会场驻地阜平柏崖村一起回到了平山县下盘松村，以后又多次见面、谈心，他对这位戎妈妈太了解了，邓世军牺牲的消息他早就知道，此时他也猜到了她的心思，就说："您别等啦。""怎哩？"戎冠秀惊诧地问。"邓世军牺牲了，"胡可同志语气低沉地说，"他牺牲在抗美援朝的战场上。"

戎冠秀一听这话，就如同一瓢冷水浇到头上，她猛地打了个冷战，两条腿也软软的，一步也挪不动，身子一歪，无力地坐在了一旁的椅子上，此刻她的心，就像是被人用两只大手撕扯着一样，她垂下头，双手捂着脸，泪水顺着她的手指缝往下滴。

胡可在一篇回忆戎冠秀的文章中这样动情地写道："她的小儿子牺牲在朝鲜战场上，她的八路军'儿子'也牺牲在朝鲜战场上，这位母亲的内心是多么痛苦啊！"

后来，戎冠秀得知，邓世军作为 63 军 187 师 559 团的团长，在朝鲜战场第五次战役时身先士卒，不幸英勇牺牲。她只有将这满腔悲痛深埋心里，她深知战争是残酷的，同时，她为邓世军的英勇而感到骄傲。

福建前线慰问边防解放军

新中国成立后，戎冠秀仍然像战争年代一样继续关心着人民的子弟兵。1960年10月，她要到福建前线慰问边防解放军，老人家欢喜得睡不着觉，临行前，吃的、用的，全不带，只带上针线和零碎布头。

这里面有一个历史背景，现在的人当然知道的已经不多了。读者朋友们要了解的是金门炮战。

金门炮战，是指1958年8月23日至10月5日之间，发生于金门及其周边的一场战役。当时，国民党残余部队逃到台湾，对抗统一，国共双方以隔海炮击为主要战术行动，因此被称为"炮战"。

在这样一种背景下，许多当时的英雄模范人物都被有计划、分批次地安排到福建前线慰问部队，戎冠秀也是在这种情况下被安排慰问前线部队的，这既是给处于战备状态的前线部队官兵鼓劲儿，也是国家各界人士对于部队官兵的关怀。

和戎冠秀同去慰问的还有邢燕子。她1990年3月写文章《我所认识的戎冠秀》，回忆了她和戎冠秀交往的片段：

1960 年 10 月，我作为知识青年代表参加了河北省赴福建前线慰问团。在南下的列车上，我第一次见到了头罩白毛巾、身穿青色粗布衣，慈祥、和善的"子弟兵的母亲"——戎冠秀。

…………

在前线，我跟随戎妈妈走遍了设防部队的每一个哨位。走到哪里，她老人家总是管解放军战士叫"孩子们"，并拉着他们的手上下打量，亲切异常。给大家讲抗日战争年代子弟兵英勇杀敌的故事，和"母亲送儿打东洋，妻子送郎上战场"的动人情景。她操着浓重的平山口音嘱咐战士们："要永远跟党走，紧握手中枪。"她当时已有六十四岁高龄了，但她衣兜里总是装着针线包，每到一处，都要为战士们缝补衣袜，表现出了子弟兵母亲对战士的一片深情。

一天，我和戎妈妈一起到古山和尚庙附近的一个部队慰问。营房内外呈现一派清新景象，戎妈妈就把我叫到一边，悄悄地说："燕子，俺在这儿拴住战士们聊天，你到屋里去瞭瞭，把他们该缝补洗涮的衣物都收敛来，待会儿咱娘俩一块儿去洗。"仅这一趟，戎妈妈和我就为战士们缝洗衣服二十多件，许多战士感动地流下了眼泪，临别时，紧紧攥住戎妈妈的手连连说："戎妈妈，你真是我们的好妈妈！"戎妈妈不以为然地说："是共产党、八路军为咱们穷人打天下，我这个逃荒、要饭出身的穷老婆子才成了国家的主人，子弟兵是我的亲人，为你们做点儿事，我从心里高兴啊！"

…………

贫下中农代表会上，我和戎妈妈吃住在一起。我从戎妈妈那儿学到了勤俭节约的好传统。戎妈妈给我讲，现在日子虽然好过了，但勤俭节约的精神不能丢，富日子要当穷日子过，吃饭穿衣一定要精打细算。一次，我带着孩子和戎妈妈在一个桌上吃饭，孩子掉到桌上一粒米，戎妈妈当即把掉在桌上的米粒捡到自己嘴里吃了。我心里感到怪不好意思，又为她那勤俭节约的精神所折服。事后，戎妈妈跟我讲，她平时就是这样要求孩子的，吃饼不能剩块，吃饭不能剩底，吃米不能掉米粒。这件事给我的震动很大，我给家里人讲过多次。渐渐地这"三不能"也就变成我的一条家训了。

来到福建前线这一天，人民军队欢迎子弟兵母亲的场面别提多隆重了！鞭炮响出几里地；大炮"轰隆——轰隆——"惊天动地；掌声、口号声似海浪……戎冠秀满面春风地在几里长的人的夹道里走着，手里的花束不停地摇着……夹道后边的战士们一拥一拥地直往前挤，都想亲眼看一看戎冠秀本人的风采，前面的战士努力保持队形，他们怕挤着戎冠秀老人家和陪同的部队首长们，只听见战士们嘴里喊着："我们要看看戎妈妈！"听到这亲热而又急切的喊声，老人家满脸堆笑，把花束高高举起……

晚上，在慰问团和解放军举行的联欢会上，戎冠秀讲了根据民间故事改编的幽默快板小段《黑大嫂》，她用风趣的话语，讲着可笑的故事，指战员们非常喜欢，有的高兴得把巴掌都拍红了，有的笑得气也岔了，毕竟部队的生活是单调的、严格的，平时的作息就像钟摆一样准时、刻板，戎冠秀的慰问和所讲的故事、笑话让前线指战员们实实在在地感受到了幸福和欢乐，活跃了军营的气氛。

在前线，戎冠秀对战士们嘘寒问暖，还看吃的好不好，住的怎么样，部队医院、边防哨所等所有战士活动的地方她都要走一走、看一看，只有自己看了，她才对那里的战士的生活心中有数。她的关心让战士们心中感到温暖。最让战士们感动的是，戎冠秀无论到哪儿都会趁战士们不在营房时，悄悄从床底下找出脏衣服、袜子来洗，晾干后她还用随身携带着的针线包、小碎布，将破损和开线的衣袜进行细针密线的缝补。

晚饭后，当她把洗好、缝补好的衣服和袜子送到营房时，战士们一窝蜂地围上来，又惊又喜又感动，纷纷表达他们的感激之情和不忍之心，他们说："哎呀呀，戎妈妈，您都这么大岁数了，还给我们洗臭袜子和脏衣服，这怎么能行呢！我们……我们该怎么感谢您老人家？！"

戎冠秀说："谢甚哩？"她看着眼前这一帮身强力壮的年轻战士，真是打心眼里喜欢！亲切地说："孩子们，你们忙嘛！我一点点事情都没有，闲得心慌手痒，给你们洗洗缝缝，还不应该呀！你们是老八路的接班人，跟戎妈妈可不该外道啊！"戎冠秀她是真的把这些战士们当儿子一样看待了！

在前线慰问期间，部队安排慰问团参加向敌军阵地进行打炮的活动，戎冠秀按照指挥员的要求，昂然站在炮位上，只见她全神贯注，两眼怒视前方，脸色铁青地说："打，狠狠地打！"她重重地猛拉炮绳。戎冠秀的表现和她爱憎分明的革命情操，让前线指战员对这位"子弟兵的母亲"，又增添了无限的敬慕之情！戎冠秀在福建前线慰问期间，是那样热爱子弟兵，是那样痛恨分裂国家的蒋介石集团。

在紧张的行程中，戎冠秀随着慰问团把福建前线所有的部队都转过了。分别时，战士们依依不舍地请她留下意见和嘱托。戎冠秀感情充沛地嘱咐说："共产党、毛主席领导咱八路军和全国人民流血牺牲，打下了人民的江山，那可是不容易的。如今，你们可要好好听共产党和毛主席的话，守住咱人民的江山啊！"

戎冠秀的话质朴而真诚，直白却表意清楚，听了戎妈妈的话，战士们纷纷表示："记下了，亲爱的戎妈妈，请您老人家放心吧！豺狼胆敢来进犯，管教他们有来无还！"明确而坚定地表达了他们的爱国热情和保卫祖国的决心。

看着英姿飒爽、正义凛然的年轻战士们，戎冠秀仿佛又回到抗战的年代：同样一批年轻战士，他们是那样英勇，那样为了中华民族的解放，面对凶恶的日本侵略者，毫不畏惧，精忠报国。她的耳畔又响起那熟悉的歌声："我们在太行山上，山高林又密，兵强马又壮！敌人从哪里进攻，我们就要它在哪里灭亡！"

戎冠秀到福建前线慰问，鼓舞了战士们的斗志，使战士们坚定了必胜的信心，增强了必胜的信念，她的关怀犹如春风，温暖了战士们的心田。

戎冠秀对于子弟兵的关爱是贴心的，她对于子弟兵的理解也是深刻的。1964 年 8 月 10 日的《河北日报》刊登了一篇戎冠秀的文章《子弟兵有两样武器》，文章不长，全文如下：

子弟兵有两样武器

热爱劳动和厌恶劳动，是无产阶级和资产阶级两个不同阶级的反映。如果当干部的染上了好逸恶劳思想，就要逐渐脱离劳动阵地，就会慢慢地脱离革命。人要一懒，就要出闲情，就想吃好的穿好的。不劳动又要多享受，就得多吃多占，脱离群众，走上蜕化变质的危险道路。

在抗日战争时期，咱们的子弟兵，就把握着两样武器：一个是用枪杆子打鬼子，保卫家乡、保卫祖国；一个是帮着群众担水、扫地、推碾子、推磨，和群众一起到田间劳动，用锄把子保持无产阶级本色。所以，他们和群众亲密无间，群众与子弟兵的感情胜过兄弟，无话不说，心心相连。这一切使我牢牢记在心里。这些年来，我自己也有亲身体会，干部和群众一起参加生产劳动，干部和群众的关系就会水乳交融、亲密无间，就使我们干部的工作立于不败之地。因此，我除了开会有事之外，天天跟大家一样下地劳动。我今年六十八岁了，重活干不动，就干一些力所能及的轻活。这样，不光带动群众积极参加生产劳动，生产、工作中的问题也能看得见，社员的反映也能听得到。因此参加劳动可不是一般的事，而是个关系到能不能搞好阶级斗争、生产斗争和科学实践的大事。

20 世纪 70 年代，部队野营训练来到下盘松村，戎冠秀像当年一样，把妇女、儿童组织起来，分成洗衣组、缝纫组、慰问组，腾出最好的房子给部队战士住，她拄着拐棍儿挨门逐户去检查住宿、饮食情况，她的心还和当年一样的火热。

80 年代，她多次给守卫边疆的部队写信、送锦旗，鼓励他们保卫好祖国的大门。

最先叫出"子弟兵的母亲"称号的是平山铁血老五团（特级战斗英雄邓世军时为五团一连连长）。1987年春节，原老五团政委拖着病体又一次来到平山下盘松村，看望九十岁高龄的戎妈妈，以解惦念之情。

1989年戎冠秀病重期间，神志已经有些恍惚了，但是她还是关心战士们，只要见到着装的解放军来看她，她马上兴奋起来，大声说："好好养伤，养好了去消灭敌人！"这是融在她骨子里的情怀。

和聂荣臻元帅的交往

戎冠秀是一介平民，聂荣臻在抗日战争中，先是八路军115师副师长，后又被任命为师政委。1955年，聂荣臻被授予元帅军衔。表面上看两人不会有交集，但是，戎冠秀和聂荣臻在长期的革命生涯中，结下了深厚的友谊，是军民鱼水情的深刻体现。

1944年2月10日至14日，晋察冀边区第一届群英会如期举行。在晋察冀边区第一届群英大会期间，作为晋察冀军区司令员兼政委的聂荣臻签署命令，授予拥军模范戎冠秀"子弟兵的母亲"光荣称号。虽然他当时在延安，但对于戎冠秀的事迹，他是清楚的。

戎冠秀回到家以后，给军区首长写了一封信，第一个就是"军区聂司令员"，那是1944年2月27日写出的。

在1944年12月至1945年1月召开的晋察冀边区第二届群英会上，戎冠秀再次荣获"劳动英雄"光荣称号。会议期间，聂荣臻等首长多次到小组看望大家。

根据老作家康濯的文章《对老会长的永恒怀念》记载："1944 年末到 1945 年初，边区召开了第二次群英大会。这一次比前一次更隆重，戎冠秀的事迹也被调查、搜集得更加丰富、感人，'子弟兵的母亲——戎冠秀'的荣誉称号和名字从此也更加响亮。聂荣臻司令员从延安回来后，更是多次同戎冠秀会见和谈话，而且每次都亲自接送，扶她下马、上马，到北京后还会见过多次。"

在抗日战争中戎冠秀和聂荣臻结下的友谊，一直延续着。1987 年"八一"前夕，戎冠秀给聂荣臻元帅写了一封信：

聂荣臻元帅：

快到"八一"了，又是建军六十周年，我和平山老区的乡亲们都很想您。给您寄去一双您当年喜欢穿的布鞋，还是村里年轻人按咱老妇救会的规格做的，不知合脚不？拥军的传统已在咱平山一代一代传了下来，我想您知道了一定很高兴。

祝您健康长寿！

戎冠秀

下盘松村妇代会

平山县妇联会

1987 年 7 月 26 日

不久，戎冠秀收到了聂荣臻元帅的回信。

戎冠秀同志并下盘松村妇代会、平山县妇联会：

接到你们的来信和老区纳底鞋，使我非常感动。也非常感谢你们，一下子又引起我对战争年代解放区生活的回忆。进城后，因工作等原因没得空到老区看一看。"文革"后，几次想去，又因身体不好，未能如愿。现在腿脚更不便了，真是遗憾，不过我对老区人民始终怀念着。我常讲，从八一南昌起义到中华人民共和国成立，一打就打了二十八年的革命仗，而其中十一年都是在华北，主要是在河北度过的。所以，河北的一草一木，我都不会忘记。现在看到了纳底鞋，自然引起我的回想，这双布鞋虽很普通，但它包含了老区人民多少心意，是军民鱼水情的结晶，我将永远保留纪念！

戎冠秀同志是著名的人民子弟兵的好妈妈，是拥军模范。祝愿你健康长寿。同时祝愿平山父老乡亲们生产发展，生活幸福，社会主义建设事业蒸蒸日上！

聂荣臻

1987 年 8 月 10 日

1988 年 6 月，聂荣臻元帅得知戎冠秀老人生病住院，专门托人去探望，并将一束"勿忘我"花送到老人病榻，戎妈妈激动得连声说："谢谢聂司令员！"并嘱托女儿给聂帅捎去一束"勿忘我"花。戎冠秀向在场的人说，1944年聂司令亲自批准，授予她"子弟兵的母亲"的称号，是对她的鼓励，这是她一生最大的光荣！

1989年8月12日，戎冠秀因病逝世，享年九十三岁。

当天，正在病中的聂荣臻元帅就获悉了戎冠秀逝世的噩耗，他十分难过。聂帅让秘书代他给中共河北省委和平山县委发去的唁电中说："惊悉著名子弟兵母亲戎冠秀同志不幸病逝，深为悲痛。战争年代，戎冠秀同志的英雄业绩鼓舞了晋察冀边区的千千万万的人民和人民子弟兵，我也深为她的精神所感动。正是这种军民鱼水感情，使我们赢得了革命战争的胜利。我们应该继续发扬她的革命精神，继承她的遗志，为保卫和建设社会主义的新中国而努力奋斗。"

8月22日，"子弟兵的母亲"戎冠秀的灵堂里，摆上了聂荣臻元帅送的花圈。

1990年由时任中共石家庄地委书记的王满秋任组长的《戎冠秀》编辑组，编写了《戎冠秀》一书，聂荣臻元帅题写了书名，并题词"子弟兵的母亲光辉永存——为《戎冠秀》一书题"。

人 格 魅 力

从几十年前的抗战岁月到 21 世纪的今天，戎冠秀的光辉事迹在燕赵大地一直在颂扬。"我唱晋察冀，山红水又清。山是那么红，水是那么清。如果有人问，请问好老人。这位好老人，好比一盏灯。战士给她火，火把灯点明。她又举起来，来照八路军……好老人叫啥？名叫戎冠秀。好老人住哪儿？家住下盘松……"这是著名诗人田间创作的《戎冠秀赞歌》，朴实的诗句中，饱含着对"子弟兵的母亲"戎冠秀的赞美和爱戴。

田间写过长诗《戎冠秀赞歌》，后来又加了几部分，改名为《天安门赞歌》出版，他对于戎冠秀的了解程度和戎冠秀对田间的认可程度，也有一个故事。

1978 年，第五届全国人民代表大会，在北京人民大会堂举行。中央电视台播放了河北人大代表团步入会场的情景。田间随在戎冠秀身后。他们两人全是第五届全国人大代表，是老战友了。其间，有记者来访戎冠秀，同时也来访问田间。

可好，两人同在休息厅，这倒方便了记者。戎妈妈笑着指指田间说："田间最了解我，你问他吧！"

田间把手里的香烟按在烟灰缸里，望着戎妈妈，尊敬中略有愧色地说："呵！看来，我作为晋察冀的一名子弟兵，也够格了？真如此，也算不虚度此生呢！"

戎冠秀说："我知道，你不是晋察冀生人，可晋察冀培育了你。你写诗，唱咱这块亲爱的土地、血染的土地，你歌唱子弟兵是铁。你要不是块铁，看见铁还当是土坷垃呢！"

田间微微点头。是的，是的，把铁当土坷垃，或者是把土坷垃当铁的人，过去有，现在有，将来也不乏此种人。有志者常在危难之时显身手，混乱之时志不移。想那戎妈妈，在那日本帝国主义对我根据地人民残酷烧杀，摧毁我抗日根据地的反复"扫荡"中，她力排危难，抢救八路军伤员，不是胸怀大志、心有深爱的人，是不可能舍己忘生，有此壮举的。

如今，在石家庄市裕华西路与中华大街立交桥西北的街心花园，矗立着一座浮雕，浮雕主体是一位面容慈祥、眼含深情的母亲。基座部分刻画了这位英雄母亲带领群众送饭送水、慰劳军队、抢救伤员、坚壁清野的生动场景。这是以戎冠秀为原型创作的。

新中国成立前夕，戎冠秀作为全国政治协商会议的特邀代表之一，出席了全国第一届政治协商会议，为成立新中国出谋划策。随后她参加了开国大典，之后又获得许多荣誉称号，但她始终不骄不躁，始终保持劳动人民的本色，她心里总是想着国家，想着集体，想着群众。当下盘松村里其他人家都遇到困难时，她总是先为别人解决，自己家的困难自己克服。村里所有的困难户都得到过她的帮助，她的衣服破了总是补了又补。可是，当村里一个不太会过日子的妇女整天稀松邋遢地穿着露着肉的衣服时，戎冠秀就将自己没有补丁的衣服送给她。孙子孙女都清清楚楚地记得，有一年邯郸的二姑回家了，一看见秀平（参军后改名李建雄）就笑着朝二嫂说："二嫂子，秀平的裤子有二斤（补丁上面还打着补丁）重吧？"虽是笑着说的，但她们都清楚，这是一直发生在他们家里的事情，并不奇怪，或者说已经见怪不怪了。戎冠秀就是在这种情况下，一次一次地帮助别人。李耿成和李秀玲回忆说，他们小时候生病了，因为没钱医治，得了中耳炎致使耳膜穿孔，感冒发烧看不起病更是常事。

戎冠秀总是这样，关心别人超过关心自己。她经常教育子孙，生产队的事和个人的事发生冲突时，一定要先干队里的事，生产队富裕了，自己家自然也就富了。她还说，做人不能忘了本，要永远记得："没有共产党和毛主席就没有咱们家今天的好日子，现在的日子再苦，要是跟旧社会比那就是在天上活着呢！"她还说，"遇到困难，不能动不动就向公家伸手，要学会自力更生，要懂得勤俭过日子。"李耿成和李秀玲至今还记得奶奶说过的一些话"一顿省一口，一年省几斗！细水长流，吃穿不愁"等等。

戎冠秀对自己更是严格要求，以身作则，七十多岁了还像年轻人一样上山挖坑进行植树造林，她总说："自己走在前头才能带动别人，自己不行动怎么好说别人！"

进入老年后，她干不动体力活了，就做些力所能及的小事，可她的心里却永远装着山里的老百姓。解放军到下盘松村给她放电影，她让解放军多住几天，为的是让山里的老百姓也多看几场。解放军要送给她一台黑白电视机，她说，你们不用送我电视机，送了我也看不到心上，山里的老百姓至今还点着煤油灯，有办法的话还是先解决老百姓的事吧！戎冠秀的话引起了军队首长和地方各级领导的重视，在她的倡议下，在各级首长、各级领导的关怀下，河北省军区和所属部队很快就给平山县拨了一笔专款，为山里的老百姓架通电线，家家户户用上了明亮的电灯。

解放军曾送给戎冠秀一辆军用卡车，她没让车开回家，直接就送给了平山县武装部！用她平凡朴素的一生，做了许多令人感念、感怀、感动甚至催人泪下的不平凡事迹！是一个名副其实的"好老人"。

李耿成说："我三岁就和奶奶一起生活，经常听奶奶讲过去的故事。奶奶的谆谆教诲我时刻牢记，奶奶的模范事迹和献身精神不断地激励着我，慈祥的奶奶永远活在我们心里。"

胡可曾任解放军艺术学院院长，抗战时他担任晋察冀军区抗敌剧社编剧。为创作话剧《戎冠秀》，他和胡朋一起，在下盘松村体验生活，与戎冠秀共同生活了几个月，话剧《戎冠秀》在上演后，受到了根据地军民的热烈欢迎。胡可说："当年，戎冠秀把我们当成他的儿女看待。我们吃饭，她给我们最好的，她却舍不得吃。她年龄比我们大，我们把她当成自己的母亲。"由于有在戎妈妈家深入生活的经历，胡朋后来在《烈火中永生》《槐树庄》《回民支队》《侦察兵》等影片中饰演了一系列革命母亲的形象。她曾说过，戎妈妈的伟大形象和她平凡朴实的作风影响了我的一生。

出生于1928年的田华当时是抗敌剧社儿童舞蹈队演员，当年只有十四岁。她回忆，那时环境很恶劣，根据地很困难，我们很小，吃不饱饭，可我们有"三大纪律、八项注意"，不许吃老百姓的东西。这一切，被戎妈妈看在眼里，疼在心上。一天我们睡午觉时，戎妈妈进屋悄悄把我们拍醒说："孩子们，快起来，给你们送山药来了。吃吧，你们吃吧，我不给你们汇报……"

良 好 家 风

直到今天，"子弟兵的母亲"还是一个专门称呼，就是特指戎冠秀，她已经成了拥军爱民的一面旗帜。打动我们心灵的不仅仅是战争年代的那些感人至深的故事，更是几代人前赴后继，用心血浇灌培育的光荣传统。戎冠秀的三子二女都是爱国拥军的好党员，她的孙辈有多人穿上军装，在革命的大熔炉里延续着这个家庭的精神风采。

老一辈革命家和平山子弟兵、子弟兵的母亲戎冠秀的关系，就是这样密切，平山人的忠诚也一代代抒写着。同时令我十分感动的是，戎妈妈的家国情怀是那样博大而厚重，她的三个子女都是爱国拥军的好党员，小儿子在朝鲜战场牺牲后，她又先后送四个孙子、一个外孙和一个外孙女参军，报效国家。

新中国成立后，戎冠秀仍然时刻惦记着解放军，多次向边防战士赠送锦旗，写慰问信，她多次到部门讲革命传统。每次到部队都带着针线，有空就帮战士们缝补衣服。戎冠秀爱子弟兵爱到骨子里。孙子李耿成回忆了这样一个故事：七岁那年，清明节李耿成随奶奶去给太姥姥上坟，走到一个山坡地，奶奶停下来摆了一些祭奠品，李耿成很奇怪，就问为什么？奶奶告诉他，这里掩埋着一位八路军战士，我们永远不能忘记他。这件事在李耿成幼小的心灵上打下了深刻的烙印。五十多年过去了，李耿成对这件事记忆犹新，他对奶奶的做法已经深刻理解了。

戎冠秀一生艰苦朴素，克己奉公，堪称楷模。一块一尺见方的坐垫，竟是用八十多块碎布头缝成的。它就是戎冠秀留给子孙最好的纪念物。

1973年2月21日《人民日报》刊登了一篇通讯《拥军新曲》，说解放军某部"秋毫无犯模范连"要到下盘松村，戎冠秀和下盘松村的军属、烈属、贫下中农一起，把向阳暖和的房间腾出来，炕上铺了厚厚的毯子、毡子或羊皮。部队进村的前一天下起了大雪，戎冠秀拄着拐棍挨家检查、嘱咐，让大家把雪扫净，把水缸挑满，让亲人进家后能安安稳稳地休息。第二天早晨，戎冠秀来到村口，站在石坡上，看着扫完山路归来的民兵，望着从远处移近的解放军，她笑了。

戎冠秀的言行激励着周围的群众，人们自觉地像她那样把拥护、热爱、学习解放军，看作自己义不容辞的责任。尤其是她的家人，更做得无微不至，二嫂做军鞋，就是千百个拥军故事中的一个。

二嫂名叫梁三花，是大队党支部书记李存金的爱人，戎冠秀的二儿媳。二嫂和婆婆一样，也是在苦水里泡大的。在戎冠秀的教育下，她尽管不是干部，但是主动做拥军优属的工作。就在"秋毫无犯模范连"住下的当天晚上，二嫂端着一簸箕新鞋，去给战士换。她挨门询问，亲眼看，亲手摸，战士的鞋的确不湿不需要换才肯走。最后，她到了军属任玉莲家，那里住的是炊事班的同志。二嫂发现一个战士的鞋湿了，非让脱下来换上不可，战士硬是不肯。为了说服对方，二嫂就讲了一个鞋子的故事。

　　"那是1952年，孩子他叔叔抗美援朝在国外，我刚做好一双军鞋，打算给他捎去，让他穿上新鞋不忘本，抗美援朝、保家卫国杀敌人。没想到，鞋还没寄出，就接到他光荣牺牲的消息。我们都很难过。我妈妈忍住悲痛对我们说：'哭顶甚，打仗能不死人？不流血哪能换来胜利！儿为抗美援朝牺牲，我当妈妈的也光荣。'后来妈妈劝我说：'你再多做几双鞋，留给咱解放军同志们穿，他们个个都是咱亲人呀！'从此，妈妈和我有空就做鞋。"

　　说到这里，二嫂捧着那双鞋说："同志，这鞋我们就是给你做的，你们不穿我可该给谁穿？"战士含着热泪凝视着二嫂手里的那双鞋，激动得说不出一句话来。他们暗暗表决心，我们一定要紧握手中钢枪，练好本领，为保卫祖国多做贡献。

　　1986年9月19日，征兵工作开始了。为了鼓励青年应征报名参军，九十高龄的戎妈妈不顾身体多病，拄着拐杖把村里的适龄青年叫到家里，对他们认真做了思想动员工作，

"俺把你们叫来，想嘱咐几句话。听说有的青年觉得当兵吃亏，不愿报名，这是不对的，是忘了本。现在咱们过着安生日子，靠的是谁？还不是咱亲人解放军！没有他们在前方流血牺牲，你们能在家安心劳动，开着拖拉机去致富吗？能带着对象去赶集上店，全家团圆吗？为了保住这个安生日子，你们年轻人的心千万不能往钱眼里钻。要听党的话，挑起保家卫国的重担，为国为人民多做贡献。"

她接着说："有的青年怕当兵打仗，怕流血牺牲。如果青年们都这么想，谁来保卫国家，到时候敌人打进来咱们都得完蛋！我的儿子兰金就牺牲在朝鲜战场。当兵就是要打仗，就是要流血牺牲，就是真的牺牲了，那是为了咱人民，是光荣的！"

她还说："当兵不光是练武，还学技术，长见识。你们不出去，在这穷山沟里有什么出息，到部队锻炼几年，学点儿本事，回来后好为家乡出力，更快地改变山区的贫困面貌，过上更好的日子！"青年们听了戎妈妈的话，很受教育，纷纷响应党的号召，积极报名参军。

戎冠秀还经常说："富了不要忘记党的恩情、国家的利益。没有解放军在前方英勇杀敌，保卫着我们，哪有后方人民安心生产，过幸福日子！青年人到部队锻炼几年，对国家对个人都有大好处。"

她讲的道理，都是用朴实的语言，让青年愿意听，能听进去，心灵受到震撼，萌生去当兵、开阔眼界、学习知识的想法，可谓潜移默化，润物无声。

1986 年农历九月二十九日，是戎冠秀的九十大寿。她的孙子孙女和女儿从北京、邯郸、张家口等地赶回家团聚。戎冠秀看到大家庭的成员聚在一起，就对他们说："我死后一定要火化，丧事越简单越好，千万不要铺张浪费。"

她虽然身体还不错，但她这话是当作"遗言"交代给后世儿孙的，因为那个时候国家在提倡移风易俗，提倡火化。

李秀玲回忆：戎冠秀还亲自做了寿衣，里子是旧粗布，还打了补丁。石家庄军分区政治部副主任朱连永看着这俭朴的寿衣，眼含热泪说："戎妈妈把心血都用在了我们身上，就是不顾她自己。"

是她老人家手头紧吗？不是。国家每月发给她五十元生活补助费，逢年过节，部队首长和省、地、市、县的领导同志还带着慰问品去看望她。戎冠秀的子女和孙子孙女也经常给她些零花钱。就山区农村来说，算是很富裕了。但戎冠秀依然把富日子当穷日子过。她说："生活上越是富裕，越要坚持勤俭节约。"

戎冠秀还经常教育子女艰苦朴素不忘本，教育孙子孙女外孙们不要讲吃讲穿。孙子李耿成结婚时，乡亲们问戎冠秀："您的大孙子结婚，送点儿什么呢？"她回答："一把锄头，一把锨，回家就下地干活去。"她还开导孙女李秀玲："等你结婚时可不要跟他们学（指某些人大操大办，铺张浪费）。"李秀玲听奶奶的话，结婚时，一分钱的彩礼也没要，只买了几斤糖果和瓜子招待客人。

戎冠秀勤俭节约体现在一点一滴上，她要求全家人："吃饼不能剩块，吃饭不能剩底，吃米不能掉米粒。"李耿成说："时代在前进，生活在改善，但这'三不能'的家训永远不过时，我们要代代相传。"

李耿成回忆，最使他不能忘记的是，1964年他要到离家六十多里的地方上中学。临走时，戎冠秀送他一个刷牙缸，并语重心长地说："这是我外出开会时用过的，虽然旧点，但还能用，你要记住：只有好好学习，勤俭节约才有出息。"五十多年过去了，无论在学校、部队，还是在工厂、机关，这个刷牙缸一直伴随着他。尽管刷牙缸上"团结、紧张、严肃、活泼"的字样已有些模糊，他却视若珍宝。

戎冠秀还用自己节省下来的钱给小学买皮球、万花筒等玩具，供孩子们玩儿。对此，戎冠秀的孙子孙女最初不理解，还埋怨她。戎冠秀说："光自己玩儿有啥好？大家一起玩多开心！"她荣誉多，出门开会的时候也不少，每次出门她总想着给学校带点儿什么，给村里的孩子带点儿什么，李耿成说，平时奶奶带回的学习用具比较多，都是分给同学一起使用。有时候买点儿糖果回来，也是交代分给小朋友一起吃。有次奶奶出门开会，带回来一个篮球，李耿成看见了别提多高兴了，奶奶却说，你今天先玩，明天带到学校，这就是大家玩的，和同学一起玩，多快乐呀。

戎冠秀的孙子李雄飞从部队复员回村后，村干部说："雄飞当兵回来了，您跟领导说说，给雄飞在外边找个事吧！"戎冠秀说："家里外头一个样，都是给国家干事，我这一辈子不是都在村里嘛，咱不能给国家添麻烦。"李雄飞听奶奶的话，安心地在村里扎了根。

戎冠秀常说："劳动最光荣，参加劳动可不是一般的事儿。"她身先士卒，年届花甲，每天清晨，都背起粪筐去拾粪，然后交给集体，不要任何报酬。她虽然经常出席各种会议，可每年出工都在一百七十天以上。李耿成和奶奶戎冠秀生活在一起，但早饭、午饭却很少一起吃。

若不是亲眼所见，很难相信，一位古稀之年的老人，冰天雪地仍和青壮年一起上山挖鱼鳞坑，植树造林，天寒地冻，一镐刨一个白点儿，中午也不回家吃饭，啃一块玉米饼子充饥，抓一把积雪解渴，让人心疼得落泪又肃然起敬。八旬过后，戎冠秀仍执意喂猪、养鸡、拾柴、做饭，忙个不停。

戎冠秀一辈子"爱国拥军"，她的这种情怀，也激发起她的儿孙们积极参军、报效祖国的热情，她的三儿李兰金牺牲在朝鲜战场上，她的五个孙子除一人因村里有事离不开而不能参军外，其余四个都应征入伍，戎冠秀两个女儿的孩子也有多人穿上了军装，曾孙辈里也有多人参军入伍，她的这些孙辈们，在解放军的这个大熔炉里锤炼几年后，该当农民的照样回农村当农民。两个孙子李兰书、李永平至今还是农民。李兰书没有参军是因为缺队里的吃粮款，那时候村民都是挣工分的。因为戎冠秀的大儿子李聚金（李兰书的父亲）

去世得早，家里挣的工分不够还粮款，等李兰书到入伍年龄的时候，还欠队里很多粮款，所以大队没让走。他求戎冠秀帮忙，戎冠秀说："既然村里不让你当兵，你就别走了，给公家做事，在哪儿都一样。"李兰书听奶奶的话，规规矩矩、本本分分地当了一辈子农民。

戎冠秀头上有许多耀眼的光环，但她始终保持劳动人民的本色，她也曾经常用自己的身份为国家、为老百姓做事情，但从来没有为自己的孙辈们走过一次"后门"。作为戎冠秀的亲属，从来没想过要沾奶奶的光，只想凭自己的本事吃饭，因为，他们始终记着奶奶在世时说过的话："给公家做事，在哪儿都一样！"

党的十一届三中全会后，八十高龄的戎冠秀，对党和国家的事业充满信心，积极参加家乡的建设，为改变山区贫困面貌献计献策。在她的晚年，还时刻惦记着中国人民解放军，关心着国家大事。她多次向边防战士赠送锦旗，写慰问信，鼓励他们严惩敌寇，保卫边疆。

1987 年 5 月，她给南疆卫士写信：

驻守南疆的二十七集团军全体指战员：

你们好！我听到从祖国南疆传来的喜讯，心中非常高兴。你们肩负着全国人民的重托，在越南前线出生入死，浴血奋战，你们辛苦了！我谢谢你们，祖国人民谢谢你们！我老了，不能再为你们做工作了，但我心里一直挂念着你们，我衷心希望你们多杀越寇鬼子，保卫好祖国的南大门，我在后方等待着你们胜利的消息，盼你们早日凯旋。

戎冠秀

1987 年 5 月

1982 年 1 月，解放军总政治部向戎冠秀赠送了"爱国拥军"金匾。

2009 年，在全国"双百人物"评选中，荣冠秀被评为"为新中国成立做出突出贡献的 100 位英雄模范人物"。戎冠秀的名字深深地刻在了中国现代革命史和中国妇女运动史的史册里。

戎冠秀的英雄模范事迹，被著名剧作家、解放军艺术学院原院长胡可编成话剧《戎冠秀》和电影《槐树庄》；被著名作家、原天津市作协主席杨润身编成电视连续剧《戎冠秀》；美术家娄霜创作了木刻连环画《戎冠秀》；玛金写了歌剧《戎冠秀》，著名画家徐悲鸿、罗工柳、田零为戎冠秀画像题词。2014 年，河北梆子《子弟兵的母亲》在北京长安大戏院公演，该剧在中央电视台戏曲频道多次播放。

无尽的怀念

　　1988年春，戒妈妈感到身体不适，肚子一阵一阵地剧痛。消息传开后，一个由石家庄地区医院院长为首的医疗小分队进了山，他们要接戒妈妈进城治病。然而戒妈妈却说："不，我哪里也不去，不能再给国家添麻烦了。"

　　为了让戒妈妈进城治疗，女儿劝了女婿劝，儿媳劝了孙媳劝，邻居劝，亲戚劝，街坊邻里们含着泪眼劝，但戒妈妈还是那句话："同志们回去吧，快死的人了，不能再给咱公家添麻烦了。"

　　救护车在她家门口停了整整十天。

　　在她又一次陷入昏迷时，被部队领导和家人送到了白求恩国际和平医院。

　　白求恩国际和平医院忙碌起来，找最好医师来会诊，用最先进的器械做检查。诊断结果是：戒妈妈的胆总管内有十几块大小不同的结石，两块最大的死死堵住了胆管口。发炎的胆囊比正常人的大一倍。但老人太虚弱了，一米七的个子只有九十来斤，手术做不得，只能保守治疗。

戎妈妈病重的消息不胫而走，探望的人们络绎不绝。老区的人民来了，带着土产和焦虑；平山县的领导来了，带着全县人民的慰问，市委的干部来了，地委干部来了，省委的干部也来了，军区、军分区的首长都来了。

消息传到北京，中央军委发来慰问电，德高望重的聂帅闻讯后，特意派人将一束"勿忘我"手工艺品送到老人病榻前。

5月27日，康克清颤巍巍地走进了病房。她一手提着一只大花篮，花篮里盛着花生、红枣、核桃。这里面盛得又不仅仅是这些，还有血和肉凝结成的姐妹感情、战斗友谊，还有千斤重、万斤重的全国人民的重托。

老姐妹相见了。"别动，别动，好好躺着。"康大姐轻轻扶住要挣扎坐起来的戎妈妈。"你这么忙，还来看我，谢谢你呀。"

泪言相对，执手相望，病房里静极了。

"一级护理，两个小时翻一次身。"这是老军医给年轻护士的命令。

"她，一个农村老太太……"

"对，她是我们军人的妈！"于是，老军医给年轻护士讲起戎冠秀的故事。

讲到在抗日战争的艰苦岁月，戎冠秀做军鞋，缝军衣，抬担架，送公粮，掩护八路军，护理伤病员。

讲到1944年晋察冀边区授予戎冠秀"子弟兵的母亲"

光荣称号。从那以后，同志们见她喊妈，战士们见她叫娘。

老军医讲得眼圈红，年轻的护士听得泪汪汪，"伟大的母亲啊，你应该长命百岁。"

于是，细心的护士为戎妈妈做了许多海绵垫圈，放在她身下，使每个部位都通风。她们心重重，手脚轻，轮流值守，戎妈妈卧床一年多，竟然没有生一点儿褥疮。

1989年8月12日，戎冠秀与世长辞，终年九十三岁。

聂力回忆说："8月12日，父亲接到中共平山县委发来的唁电，得知戎冠秀去世了，他当时坐在轮椅上，闻之一惊，痛心地拍了一下轮椅的扶手，这是他激动时的一个习惯动作……沉默了两三分钟后，他又嘱咐身边的工作人员尽快给河北省平山县委发去唁电……"

戎冠秀病逝后，最先发来唁电的就是聂荣臻元帅，唁电中说："我们应该继续发扬她的革命精神，继承她的遗志，为保卫和建设社会主义和新中国而努力奋斗。"

戎冠秀去世后，当年在晋察冀和戎妈妈一起战斗、相处过的其他老首长们也无比悲痛。彭真、徐向前、薄一波、杨成武、康克清等党和国家领导人都发来唁电深表哀悼。8月22日上午，河北省社会各界在石家庄举行了隆重的追悼大会，一千多人列队向戎妈妈告别。《河北日报》还发表了社论号召学习戎妈妈的高贵品格和精神。

戎冠秀去世的消息传到她的家乡下盘松村时，男女老少沉浸在悲痛之中。村前松柏低枝垂手，柳林河淌泪流悲……

村里的老党员、老干部深情地追忆起往日和戎冠秀一起生活战斗的情景。

村里的妇女们流着眼泪说："戎冠秀是大好人，尽管九十多了，但我们觉得她还是不该走，她应该再活几年啊！"

孩子们得知戎妈妈去世后，都哭得很伤心："戎奶奶经常给我们讲故事，教育我们好好学习，天天向上，让我们念好书，听老师的话，长大后为人民服务。我们一定要牢记奶奶的话。"

村干部表示："一定要学习和发扬戎妈妈的革命精神，继承她的光荣传统，和全村群众一起为改变山区面貌做贡献。"

军民鱼水情深。我党也从来没有忘记这位为革命事业做出贡献的老党员。

戎冠秀辞世后，她的骨灰由时任河北省委副书记吕传赞、副省长叶连松、省军区副司令员张志全及石家庄地委书记、专员，平山县委书记、县长等亲自护送，安放在华北军区烈士陵园。她的周围都是为我们共和国流血牺牲的革命烈士，老人家生前为子弟兵操劳，死后又安息在他们中间，一定感到欣慰。

参加戎冠秀悼念活动的张志平当年在平山县委宣传部工作，和戎冠秀多有接触，他后来担任过河北省委宣传部副部长，在给青年企业家、作家赵志国的《中国好母亲——戎冠秀》一书写的序言中写道：

我参加了悼念活动，一方面为失去这位伟大的母亲而悲痛，一方面又为戎妈妈而骄傲。

　　她就是一个普普通通的农村妇女，却得到了党和人民这样的尊重，极享哀荣，她是担当得起的！任何一个为国家、为人民做过好事的人，人们都应该永远记得他。

戎冠秀为党的事业献出了毕生精力，她老人家留给我们的精神财富，将激励我们不断前进！

1989 年 8 月 23 日，中共石家庄地委、石家庄地区行署、石家庄军分区联合发出《关于在全区开展向戎冠秀同志学习活动的决定》。

　　学习戎冠秀同志，首先要学习她热爱党、热爱人民、热爱社会主义的政治觉悟，在复杂的社会斗争中，不管遇到什么风浪，都能站稳立场，矢志不渝，坚信党的改革开放政策。

　　学习戎冠秀同志，就要学习她对人民子弟兵的真挚深厚感情，认清"国无防不立，民无兵不安"的道理，热爱解放军，关怀解放军。深入开展拥军优属活动，认真落实优抚政策，在全区民兵中广泛开展"为战友做贡献活动"，以实际行动支持人民解放军建设，在全区形成一个拥军优属人人有责的新风尚，把军政、军民团结提高到一个新的水平。

学习戎冠秀同志，就要学习她继承和发扬我们党的优良传统和作风，克己奉公，艰苦奋斗，在改革开放的新时期，党员、团员要时时处处把党和人民的利益放在第一位，廉政勤政，用自己的模范行动，影响和教育人民群众。

放在今天看，戎冠秀精神也不过时，这些不是我们今天应该学习、应该做到的吗？这是她留给我们的财富。正如1990年《中国妇女》第一期那篇《不朽的名字"戎冠秀"》结尾所说的那样：

五十多个年头过去了。戎冠秀们为真理、为人民奋斗不息的精神并没有被人们淡忘。人们怀念她们，人们也反思自己。每一个被戎冠秀精神激励着的人，都决心像戎妈妈一样，追求崇高的人生目标，永不懈怠，永不停步……

不 忘 初 心

戎冠秀只有一个孙女，就是李秀玲。关于孙女的婚事，戎冠秀也有自己的看法，李秀玲回忆说："奶奶只有我这么一个孙女，因为农村不招女兵，所以，我没有参军，但却有幸成为一名军队职工，从参加工作到退休一直在为军队服务。对孙女能为军队服务这件事，奶奶听说后非常高兴！

"受奶奶的影响，全家人对军队都有一种特殊的感情。我没有参军，却找了一名军人做丈夫。丈夫的老家和我是一个公社的，丈夫不光是农民出身，结婚前他的家里非常穷困，公社的干部们知道这桩婚事后，都到男方家观看，回来就和我奶奶学舌说：'戎妈妈，秀玲找的婆家可穷了，你不劝劝秀玲啊？！'奶奶说：'听说秀玲的婆家人性不赖，小伙子也实诚、厚道，知道进步，还是个解放军，由她吧！'奶奶的话很明显，穷不是主要的，人的品质好，是个解放军，这才是她老人家看重的。

"李秀玲自己对丈夫的感情有时也是双重的，她说，星

151

期天的时候觉得自己眼前的这个解放军是自己的丈夫，因为他没有穿军装，可当他穿上军装从身边经过的时候，我的感情似乎混乱了，说不清楚他究竟是自己的丈夫，还是奶奶说的亲人解放军，这种感觉有时不由自主、情不自禁！这是从小受奶奶的影响产生的情感交错！直到结婚多年以后，这种感觉才逐渐消失。"

戎冠秀对孙子孙女的影响是巨大的，李秀玲说，我为有一个享誉全国的好奶奶而感到无比的自豪！作为革命的后代，我要为党争光！这是我们兄妹的心声，我们是戎冠秀的后代，她老人家"爱国拥军"的家风，我们一定要代代相传！

下面是节选自李秀玲的回忆文章，以此来作为本书的结尾：

　　奶奶戎冠秀离开我们已经整整三十周年，戎冠秀去世后原全国妇联主席康克清同志为纪念戎冠秀还专门写了一篇文章，文中有这样一段话："戎冠秀同志虽死犹生，她高度的爱国主义精神，热爱解放军的情怀和全心全意为人民服务的无私奉献的精神……将永远铭刻在我们心中。她像平山县下盘松村山崖上的一棵青松，巍然屹立，万古长青。"我想，戎冠秀为什么能做到热爱共产党、热爱自己的军队、热爱群众，关心群众的生活和疾苦呢？为此，我想了很久很久！后来我明白一点儿了，那是因为，共产党、毛主席领导的八路军，给了戎冠秀和以戎冠秀为代表的全国劳苦大众们第二次生命，让她们具有了做人的尊严，党的关怀和温暖，使戎冠秀勤劳善良的本性、乐于助人的品质，得到了最大限度的发挥，还有，戎冠秀之所以成为"子弟兵的母亲"，是她深深知道，八路军是来自人民的军队，是为人民打天下的，是自己的子弟，自己的军队，必须人人都应该爱护和支持。她能成为100位为新中国成立做出突出贡献的英雄模范人物之一，并成为中国妇女的典范！是因为戎冠秀无论在战争年代，还是新中国成立后，无论做什么事，她总是把自己作为一名共产党员来严格要求自己。我小时候听奶奶讲得最多的一句话就是："自己还是个党员咧！"我觉得，这句话代表了戎冠秀最大的心声！最强的党性！

奶奶全心全意为人民服务，无私奉献，使我们能够更加深刻地理解习近平主席讲的"不忘初心"。我们将永远牢记聂荣臻元帅在给奶奶唁电中最后的那句话："为保卫和建设社会主义的新中国而努力奋斗！"今后我们的路还很长，让我们拿出重走长征路的精神来，做到"不忘初心"，为实现中华民族伟大复兴的中国梦而奋斗！